KNAUR✶
MENSSANA

Über die Autorin:
Gabriele Rossbach ist als Pädagogin und Entspannungstherapeutin ausgebildet und arbeitet seit 1996 als Seminarleiterin und Coach im Themenfeld Entspannung, psychische Gesundheit und Meditation.

Gabriele Rossbach

Umarme
dich selbst

Heilcoaching
bei Trennungen

KNAUR ✪
MENSSANA

Besuchen Sie uns im Internet:
www.knaur.de

Alle Titel aus dem Bereich MensSana finden Sie
im Internet unter: www.mens-sana.de

Originalausgabe März 2015
© 2015 Knaur Taschenbuch
Ein Unternehmen der Droemerschen Verlagsanstalt
Th. Knaur Nachf. GmbH & Co. KG, München.
Redaktion: Ulrike Strerath-Bolz
Umschlaggestaltung: ZERO Werbeagentur, München
Umschlagabbildung: FinePic®, München
Satz: Adobe InDesign im Verlag
Druck und Bindung: CPI books GmbH, Leck
ISBN 978-3-426-87689-3

2 4 5 3 1

Für Antonia

und alle Frauen,
die ihr Selbstwertgefühl,
ihre einzigartige Schönheit
und Kraft entfalten.

Inhalt

Vorwort
Wie man sich entliebt und gestärkt aus
Liebeskummer hervorgeht 13

1 **Liebe als Droge – die Seele auf Entzug** 20
   Co-Abhängigkeit 22
   Liebessucht 23
   Typische Merkmale von Liebessucht und
   Co-Abhängigkeit 24
   Die Ursachen 29
   … und ihre Folgen 30
   Was tun? 37

2 **Durchs Feuer gehen – der Sinn von Schmerz**
   und Trauer 41
   Millionen Menschen leiden momentan genau wie Sie . . 43
   Liebeskummer – eine ernsthafte Erkrankung 45
   Wenn der Körper nach einer Trennung
   verrücktspielt 47

3 **Kein Rückfall ins alte Muster: Checkliste machen!** . . 55
   Die Wut auf den Ex-Partner als Katalysator für den
   Neustart nutzen 55

4 **Nach dem Trennungsschmerz:**
   Phönix aus der Asche 58
   Erste Hilfe bei Liebeskummer 58
   Neue Ziele formulieren 60

5 Selbstachtung und Persönlichkeit 64
Mich selbst lieben statt den Ex-Partner hassen! 65
Wie denke ich mich schwach? 66
Wie denke ich mich stark? 67
Resilienz und innere Stärke aufbauen 69

6 Selbstmanagement 74
Aufmerksamkeitsmanagement 74
Gedankenmanagement 77
Emotionsmanagement 79
Neukonditionierung nach der Trennung 83
Selbstmitleid? Vorstufe zur Depression! 85
Energetische Kopie einer Power-Ikone 88
Ein Liebeskummer-Gegengift 91
Eifersucht in Selbst-Bewusstheit
transformieren 93
Transformation durch Wechsel
der Perspektive 96

7 Bildhaftes Arbeiten mit dem Unterbewusstsein ... 102

8 Selbstwertgefühl – der Schlüssel zum Lebensglück 107
Selbstwertgefühl aufbauen 109
Lebenszufriedenheit durch ein gesundes
Selbstbild 116
Vorsicht – Schönheitsfalle! 124

9 Die wichtigste Medizin: Selbstliebe 127
Selbstcoaching 129
Heilender Narzissmus – lassen Sie sich
verwöhnen 131

10 In sich selbst Anker werfen 133

11 Wie Frau glücklich lebt 136
    Die starke Klasse-Frau 136
    Spamfilter gegen Beziehungsdesperados 139

12 Endstation Sehnsucht? Nein, Endstation
    Powerfrau! 140

13 Ich-Kraft und Präsenz 144

14 Ich bin Hauptdarstellerin in meinem Leben 147

15 Aber niemand steht allein auf dem Olymp! 153
    Verantwortung und Empathie verschönern
    den Alltag 153

16 Die Glücksalchemie 156
    Bedürftigkeit in Fülle transformieren! 157
    Der beste Background: Freundschaften und
    neue Kontakte 161

17 Glücksquelle Humor 165

18 Glücksquelle Herz 168

19 Ich-stärkende Aktivitäten 174
    Was macht mich tough? 174
    Ich-Kraft und Eigenständigkeit 176

20 Was will ich wirklich? 178

21 Neues Lebenskonzept und neuer Lifestyle! 180
Durchbruch zu Selbstwert und Lebensfreude 181
Neuorientierung 184

22 Über Männer – und falls Sie Lust haben:
Coaching für einen Neustart 187
Traumfrau werden, sein und bleiben 190

23 Ein besonderes Thema: Was bedeutet Trennung,
falls Sie Kinder haben?. 193

24 Last not least ... was wurde aus den
»Fallbeispielen«? 199

Nachwort 203

Wie man sich entliebt und gestärkt aus Liebeskummer hervorgeht

Liebeskummer. Tiefer Herzschmerz, Sehnsucht, Träume von Liebesglück.

Wir alle kennen das. Besonders wir Frauen. Daher ist dieses Buch für Frauen geschrieben, denn vor allem wir Frauen neigen dazu, unser Lebensglück in der vollkommenen Liebesbeziehung zu suchen. Und zu leiden, wenn wir sie nicht finden oder wenn die Partnerschaft nicht richtig funktioniert.

Bewunderung, Liebe und Anerkennung vom Partner oder von anderen männlichen Wesen scheinen perfiderweise eine Art Lebenselixier zu sein, das wir brauchen. Doch Beziehungen sind oft nicht so erfüllend und nährend, wie wir uns das insgeheim ersehnen. Zu oft führen Dissonanz und Konflikte schließlich zur Trennung. Und damit wird der Trennungsschmerz zum Problem, dem wir uns alle irgendwann stellen müssen. Manche von uns häufiger, manche von uns seltener, aber es trifft jede von uns.

Dabei ist Liebeskummer sehr schmerzhaft, er kann uns in tiefste Depressionen stürzen, uns die Lebensfreude rauben und körperliche Krankheiten nach sich ziehen. Es tut eine ganze Zeit lang einfach verdammt weh, und es scheint, als sei es in der Seele Nacht geworden. Die Schmetterlinge im Bauch haben sich in Steine verwandelt. Und schlimmer – der Herzbereich fühlt sich wie eine blutende Wunde an. Wir leiden entsetzlich, wenn wir Liebeskummer durchzustehen haben, und zeitweise scheint der einzige Trost darin zu liegen, dass dieser Schmerz zeitlich begrenzt ist und vorübergehen wird. Einige Menschen fühlen sich durch Liebeskummer aber dermaßen tief verletzt, dass sie ihr Herz nie mehr wieder wirklich für einen anderen Menschen zu öffnen wagen.

Von ihrer Persönlichkeit her sind manche mehr, manche weniger anfällig für Liebeskummer. Besitzergreifende Menschen, Schüchterne und wenig Selbstbewusste erleiden häufiger Trennungen und Herzschmerz. Männer gehen mit Trennungen anders um, sie empfinden das Scheitern einer Liebe neben dem Trennungsschmerz unter anderem auch als Prestigeverlust, und viele suchen möglichst schnell eine neue Partnerin, auch, um Trauerarbeit zu vermeiden. Frauen leiden tendenziell öfter und tiefer unter Liebeskummer, sie verspüren in diesen Zeiten mehr Selbstzweifel, Depressionen, Selbstmitleid, Wut und psychosomatische Beschwerden. Frauen meinen zudem häufig, die Trennung verschuldet zu haben, und hinterfragen die Situation und ihre eigenen Gefühle, die eigene Persönlichkeit und die eigene Optik. Entsprechend länger braucht es dann, um sich wieder neu zu verlieben.

Dabei sind wir Frauen doch scheinbar auf Liebe spezialisiert, oder? Wir sind schließlich bereit, nahezu alles zu tun, um den Traummann zu finden und ihn unendlich zu bezaubern. Sind Sie nicht auch schon einmal hüftwackelnd auf knöchelgefährdenden Highheels herumgestakst, die das Gehen zum Martyrium machten? Auf einem Nagelbrett zu sitzen wäre komfortabler. Viele von uns hungern obendrein wie die Asketen, kleben sich künstliche Fingernägel und lange Wimpern an, bauen sich eine wilde Mähne mit Extensions, lassen sich Augenbrauen tätowieren und an anderen Zonen die Haare büschelweise ausrupfen, geben ein Vermögen für teure Kosmetika aus oder schmücken sich mit erlesenen Statussymbolen. Manche von uns schrecken auch nicht vor kostspieligen und schmerzhaften Schönheitsoperationen zurück. Die Schuhvorräte unserer Spezies sind auf jeden Fall legendär, wobei wir die Fähigkeit kultivieren, deren Umfang und die Investitionskosten sorgfältig geheim zu halten.

Viele von uns weiblichen Wesen sind also bereit, Blut, Schweiß und Tränen für etwas Liebe und Begehrtwerden auf sich zu nehmen. Wir machen uns schön, wir investieren Zeit, Geld und Schmerz, verwöhnen den Partner, begeben uns in eine beißende Rivalität zu anderen Frauen, sind unendlich anhänglich und verkaufen uns weit unter Wert, oft mit suchtartiger Besessenheit. Für den ersehnten Traumprinzen. Der uns dafür im Gegenzug mit Lebensfreude erfüllt und uns das Lebensglück eimerweise liefert. So weit der Plan.

Unbegreiflich, weshalb wir ein ums andere Mal scheitern, oder?

Den quälenden Seelenschmerz einer dennoch gescheiterten Beziehung versuchen wir dann bald wieder durch eine neue Beziehung – aber diesmal wirklich mit Mr. Right! – zu kompensieren. Doch bei vielen von uns zerbricht im Laufe der Jahre eine Beziehung nach der anderen, und frau fragt sich zunehmend, was denn falsch an ihr sei?

Falls Sie nun denken, dass auch Ihnen das oft passiert – viel zu oft –, könnte das ein Indiz dafür sein, dass Sie unbemerkt unter einer subtilen, aber weit verbreiteten Sucht leiden.

Einer Art von Sucht, die uns Frauen eher befällt als Männer. Es handelt sich eigentlich um einen Suchtkomplex, der aus Sehn-Sucht, Gefall-Sucht, Eifer-Sucht, Liebes-Sucht und (ein altertümlicher Begriff) Putz-Sucht besteht. Noch nie gehört? Nein, es handelt sich bei Letzterem nicht um den sogenannten Putzfimmel, der manchen Frauen unterstellt wird, sondern um die Sucht, sich schick herauszuputzen und Eindruck zu machen. Styling-Sucht wäre der zeitgemäßere Begriff. Die Sucht, anerkennende Aufmerksamkeit zu ernten, möglichst oft und möglichst viel davon.

Dabei gehört ein bisschen Eitelkeit selbstverständlich zu unserer Weiblichkeit! Natürlich machen wir uns gerne schön, und das soll auch so bleiben. Nur: Wenn wir allzu abhängig werden von dem Bewunderungselixier und ohne dessen tägliche Dosis unzufrieden sind, macht uns das auf die Dauer schwach und schwächer. Und dann sollten wir genauer hinschauen. Falls bei uns nämlich eine Sucht nach Liebe, Bestätigung und ständigem Begehrtwerden besteht, werden wir zur Sklavin des jeweiligen Partners und laufen Gefahr, »benutzt« zu werden, ohne dass der dahinterliegende Hunger und die tiefe Sehnsucht nach Liebe jemals befriedigt werden könnten!

Die hervorragende Nachricht ist aber, dass wir das Konglomerat aus schwer zu entlarvenden Süchten – Sehnsucht plus Eifersucht, Stylingsucht und Liebessucht – auflösen können. Denn Liebessucht wurzelt in einer bestimmten Ursache. Diese Ursache können wir nicht nur auflösen, sondern auch ersetzen, und zwar durch »Ich-Kraft« und Selbstwertgefühl. Und durch ein warmes, sattes Glücksgefühl, das wir im eigenen Herzen vorrätig haben, aber viel zu selten aktivieren.

Diese Eigenschaften sind die beste Medizin sowohl bei normalem Trennungsschmerz als auch gegen den immer wiederkehrenden Trennungsschmerz, der meist mit Liebessucht zu tun hat.

Um zu erkennen, wo Sie stehen, braucht es eine Portion Mut und Ehrlichkeit sich selbst gegenüber. Schauen Sie genau hin. Hatten Sie vielleicht schon einmal den Verdacht, dass Sie sich immer in die falschen Männer verlieben? In attraktive Womanizer, die niemals treu sein wollen? Oder in gebundene Familienväter, in Beziehungsunfähige, in unerreichbar fern wohnende Traummänner, in Arbeits- oder Alkoholsüchtige?

Im günstigeren Fall befinden wir uns mit einer solchen Schwäche jahrelang in chronischem Gefühlsstress. Wir fühlen uns irgendwie zerstreut, wenig selbstbewusst, nicht so recht in unserer Mitte, diffus sehnsüchtig und von uns selbst entfremdet. Durchlaufen die Gefühlsachterbahn von himmelhochjauchzend verliebt – dann immer mehr frustriert und leidend – mal wieder bis zur letztendlichen traurigen Trennung.

Im ungünstigeren Fall entwickeln wir im Laufe der Zeit ein verzerrtes Selbstbild mit Minderwertigkeitsgefühlen, vielleicht auch Essstörungen oder Schlafproblemen. Und im schlimmsten Fall führt diese sehnsüchtige Liebesuche – oder Liebessucht – zum Gefühl der Fremdsteuerung und zum Eindruck, nicht gut genug zu sein. Zu tieftrauriger Resignation, ja, sogar zu Depressionen. Unter beiden Versionen leiden das eigene Selbstwertgefühl und die Persönlichkeit.

Ein solches Festhängen in der ewigen Liebessehnsucht kann und sollte durchbrochen werden, wenn Sie stark, frei und glücklich sein wollen.

Tatsächlich ist keine Gelegenheit dafür günstiger als eine kürzlich beendete Partnerschaft. Die schmerzhaften Gefühle, die uns in dieser Phase quälen, können wir als Turbokraft nutzen, die uns wie ein Traktor aus dem Gefühlssumpf schleppt. Wir können aus der Kraft von Wut, Schmerz und Frust einen machtvollen Katalysator generieren, um mehr Stärke, Selbstbewusstsein und Selbstwertgefühl zu erwecken, als wir dies je für möglich gehalten hätten.

Dafür müssen wir die Energie unserer starken Gefühle *richtig* nutzen, und zwar nicht, um den Ex-Partner zu hassen oder fertigzumachen, sondern um eigene Ich-Kraft, mehr Selbstwertgefühl und Lebensfreude zu mobilisieren.

Die Emotionen in der Trennungsphase sind unsere hervorragenden Werkzeuge – unsere »Tools«, wie es die Psychologen nennen, um eben nicht den Selbstzweifeln oder depressiven Stimmungen zu erliegen, sondern wie Phönix aus der Asche neu durchzustarten. Um erstmals die volle eigene Stärke zu entdecken. Vielleicht auch, um ein schöneres Lebenskonzept zu gestalten, bei dem das Lebensglück nicht mehr auf Gedeih und Verderb vom Partner abhängig ist.

Das funktioniert doch alles sowieso nicht, zumindest bei *mir* nicht, denken Sie? Vielleicht kommt Ihnen das wie eine allzu kühne Versprechung vor, weil Sie sich gerade in einer Phase befinden, in der sich eine trübe Geleeglocke über Ihr Gefühlsleben gestülpt hat, ihr Herz weh tut und Sie sich krank und schwach fühlen vor lauter Sehnsucht und Verlassenheitsschmerz?

Die erste – tröstliche – Nachricht ist, dass es in diesem Moment zig Millionen Menschen auf der Welt gerade ganz genauso geht wie Ihnen. Männern und Frauen. Sie alle befinden sich in diesem akuten, furchtbar quälenden Liebeskummerherzschmerz, genau jetzt.

Die zweite – noch etwas bessere – Nachricht ist, dass diese

quälende und vielleicht sogar verzweifelte Stimmung vorübergehen wird.

Die dritte, wirklich gute Nachricht aber ist, dass es psychische Werkzeuge gibt, um diese scheinbar so schwache, unglückliche und scheußliche Verfassung dauerhaft in persönliche Kraft zu verwandeln. Das kann jeder, das können Sie auch, Sie brauchen nur die Werkzeuge zu kennen und zu *nutzen!*

Diese Werkzeuge funktionieren selbstverständlich auch, falls Sie sich entschließen sollten, doch wieder in die Ex-Beziehung zurückzukehren. Sie werden durch diese Methoden autonomer, selbstsicherer und viel stärker als zuvor.

1

Liebe als Droge –
die Seele auf Entzug

LIEBE. Wie glücklich Liebe uns machen kann! Das Herz strahlt vor Glück, die Hormone tanzen! Das schönste Gefühl der Welt. Ein himmlisches Geschenk.

Haben wir die Liebe einmal erlebt, suchen wir immer wieder nach diesem unwiderstehlichen Zustand.

Umgekehrt können uns die Schattenseiten der Liebe auch in die tiefsten Abgründe des Schmerzes und der Verzweiflung stürzen. Aber wissen Sie, warum wir so sehr leiden, wenn wir eine Trennung durchmachen?

Endet eine Liebesbeziehung, ganz gleich, ob wir jemanden verlassen oder ob wir verlassen werden, dann erleidet die Seele zuerst einmal eine Art Entzug. Es ist ähnlich, als würden wir eine Droge entbehren, die wir längere Zeit konsumiert haben. Dietrich Klusmann, Evolutionspsychologe am Universitätsklinikum Hamburg-Eppendorf, sagt: »Die menschliche Liebesbeziehung ähnelt einer Sucht. Es sind ähnliche Bereiche im Gehirn aktiv. Der geliebte Partner ist das Signal, das dieses System aktiviert und das Glücksgefühl auslöst. Und dieses Signal möchte man immer wieder haben.«

Um es einmal wissenschaftlich zu betrachten: Tatsächlich finden bei der Bewältigung des Trennungsschmerzes auch ähnliche psychologische und therapeutische Hilfen Anwendung wie bei einem Suchtentzug.

Wieso? Man hat sich doch gar nicht an Substanzen berauscht?

Doch! Unser Hirn hat vor allem während der ersten Verliebtheit einen phänomenalen Cocktail aus Botenstoffen gemixt, in einer individuellen Mischung aus Dopamin, Oxytocin, Adrenalin und weiteren körpereigenen Botenstoffen, die wie Drogen wirken. Neurologen behaupten sogar ironisch, die Mischung der Botenstoffe im Blut von Verliebten ähnele der Botenstoffmischung bestimmter Geisteskrankheiten.

Das klingt beunruhigend. Aber immerhin mag dieser Befund die besonders tiefen Schmerzen und suchtartigen »Entzugserscheinungen« zu erklären, die uns überfallen, wenn wir uns von einem Menschen trennen.

Wie beim Verzicht auf eine Droge müssen wir diese Entzugserscheinungen ertragen. Und wie beim Drogenentzug hilft bei einer Trennung letztlich nur eins: der »kalte Entzug«. Das bedeutet, den Kontakt zu dem (ehemals) geliebten Menschen komplett abzubrechen und alle Dinge, die einen an den Ex erinnern, wegzuräumen. Geschenkte Schmuck- oder Kleidungsstücke müssen ebenso konsequent verbannt werden wie Urlaubsfotos, Liebesbriefe und schöne Erinnerungen. Die Devise lautet: Trauerarbeit, Ablenkung und Selbststärkung, bis der Kummer und die Sehnsucht nach und nach schwächer werden.

In der Trennungsschmerzphase können die Grenzen zwischen »normalem« Liebeskummer und »normaler« Liebes*sehnsucht* einerseits, Liebes*sucht* andererseits fließend sein. Es ist gar nicht einfach, diese Grenze auszumachen. Was haben Liebeskummer, Liebessehnsucht und Liebessucht gemeinsam? Natürlich die Sehnsucht nach Liebe. Trennungsschmerz und Liebessehnsucht sind ganz normal und niemand bleibt davon verschont. Aber die Liebes*sucht* steht für ein inneres Defizit, welches das eigene Lebensglück chronisch sabotiert. Und sie ist viel weiter verbreitet, als man annimmt.

Darum nehmen wir diese suchtartige Liebessuche einmal genauer unter die Lupe. Die Liebessucht ist meistens mit der von Psychologen als »Co-Abhängigkeit« bezeichneten Sucht verbunden. Wie weit verbreitet diese Art von Abhängigkeit ist, sehen Sie, wenn Sie Co-Abhängigkeit googeln. Sie finden über 425.000 Ergebnisse, mit dem englischen Begriff Co-Dependence sogar über 44 Millionen Treffer!

Was Co-Abhängigkeit ist?

Co-Abhängigkeit

Die eine der beiden am weitesten verbreiteten Varianten übermäßiger Abhängigkeit findet sich – vor allem bei Frauen – in der Form des Unbedingt-gebraucht-werden-Wollens und des Zu-sehr-Liebens. Entweder sind hier die Mutterinstinkte zu stark ausgeprägt oder ein lädiertes Selbstwertgefühl wird darüber kompensiert. Eine Frau definiert ihren Wert dann unbewusst darüber, dass ER sie braucht, und dass SIE ihn pflegen, seelisch heilen, »erziehen«, lenken oder versorgen muss. Für Frauen, die so »gestrickt« sind, bieten sich natürlich Desperados aller Art als Gefährten an. Gnadenlose Egoisten, gern auch verwöhnte Muttersöhnchen, Beziehungsunfähige, psychisch Gestörte oder Suchtkranke sind Zielobjekt der Verliebtheit. Wie von einem geheimen Magnetismus angezogen, landen die hierfür anfälligen Frauen zielgenau bei jenem Typus, in den sie bald wie besessen ihre innige Liebe, ihre Hingabe und Fürsorge investieren.

Daran, wie sehr sie sich für eine solch schwierige Persönlichkeit aufopfern, ermessen die Betroffenen insgeheim die Intensität ihrer Liebe. Unbeirrbar kultivieren sie bis zum totalen Zusammenbruch die Illusion, ihr viel zu sehr geliebtes Objekt der Fürsorge ändern, lenken, retten und aufbauen zu können. Bei dem derart überbetreuten Mann erzeugt frau zwangsläufig Ausbeuterinstinkte und Abwehr, was auf der weiblichen Seite wiederum für erheblichen Kummer sorgt.

Überraschenderweise haben Psychotherapeuten immer wieder festgestellt, dass bei den »zu sehr liebenden« Frauen die Anhänglichkeit und Leidenschaft für ihr Liebesobjekt erlischt, sollte dieses sich tatsächlich aufrappeln und zum erträumten unkomplizierten Gefährten mutieren. Wird der Alkoholiker trocken, der Fremdgeher treu, der Dicke schlank und sportlich, hat er schlechte Karten – allzu bald endet mit der scheinbaren Bedürftigkeit auch die leidenschaftliche Liebe. Verblüffend, aber auf einen Nenner gebracht: *Süchtige Liebe zu einem Süchtigen schwindet mit dessen Sucht.* Verrückt, nicht wahr? Aber das klingt nur so einfach, wenn es schwarz auf weiß geschrieben steht. Befindet man sich selbst in dieser Falle, entlarvt man es nicht.

Liebessucht

Ebenfalls fündig werden Sie bei den Internet-Suchmaschinen mit dem Wort »love addiction« – Liebessucht. Es ergeben sich hier sage und schreibe 231 Millionen Treffer!

Damit ist die Liebessucht eine extrem verbreitete Sucht, der vor allem kluge, kompetente Frauen erliegen, ohne das zu erkennen. Erstaunlicherweise leiden unter der Liebessucht nämlich sehr häufig gerade die toughen und selbständigen, beruflich erfolgreichen Frauen, die zudem auch noch Kinder großziehen – also die Frauen, die viel leisten im Leben. Falls Sie liebessüchtig sind, befinden Sie sich in hochkarätiger weiblicher Gesellschaft. Aber das tröstet Sie vermutlich nicht besonders.

Was kennzeichnet Liebessucht oder Co-Abhängigkeit denn, und woran kann man sie erkennen?

Hier sind die wichtigsten Aspekte dieser Sucht (von denen nicht alle gleichzeitig zutreffen müssen). Testen Sie sich:

Typische Merkmale von Liebessucht und Co-Abhängigkeit

1. Männer, die stark an Ihnen interessiert sind oder sich um Sie bemühen, erscheinen Ihnen reizlos. Coole, distanzierte, vielleicht sogar arrogante Männer faszinieren Sie eher.
2. Je mehr Sie das Gefühl haben, sich anstrengen, bemühen und verschönern zu müssen, desto verliebter sind Sie. Sie haben Zweifel, ob Sie für IHN schön genug und gut genug sind.
3. Ihr Romeo scheint Ihnen mehr zu bedeuten als Sie ihm. Er bemüht sich weniger um Sie als Sie sich um ihn.
4. Sie müssen sich anstrengen und Zugeständnisse machen, damit eine Liebesbeziehung entsteht.
5. Seine Themen sind wichtig, Ihre nicht.
6. Sie wollen nie mehr ohne ihn leben, schon der Gedanke daran macht Ihnen Angst. Sie versuchen zu klammern,

möchten, dass Ihr Partner immer um Sie ist, wollen ihn am liebsten vollkommen besitzen.

7. Sie stellen große Erwartungen an Ihren Partner und wünschen sich von ihm ständige Bestätigung. Sie möchten immer wieder hören, dass er Sie liebt, dass Sie schön und wertvoll sind. Er scheint die einzig wichtige Quelle Ihres Wertes zu sein.

8. Sie sind oft eifersüchtig.

9. Ihre Aktivitäten, Interessen, Hobbys und Freunde sind Ihnen nicht mehr so wichtig, Ihre Gedanken und Gefühle kreisen ständig um IHN.

10. Wenn Sie nicht mit ihm zusammen sind, fühlen sie sich zerstreut, sehnsüchtig, leer und irgendwie unvollständig. Nur in seiner Nähe scheinen Sie zum Leben zu erwachen.

11. Sie akzeptieren wiederholte Vertröstungen, Distanziertheit und Entschuldigungen für seine Abwesenheit ohne Skepsis. Sie warten häufig.

12. Quälendes Warten, lautstarke Streits und Ihre sklavische Abhängigkeit halten Sie für leidenschaftliche Liebe.

13. Sie tolerieren gravierende Defizite wie zum Beispiel Alkoholabhängigkeit und beschönigen diese.

14. Selbst als vernachlässigte Geliebte eines verheirateten Mannes oder eines Alkoholkranken können Sie sich nicht von ihm lösen und lassen sich immer wieder neu von ihm einwickeln (letztlich sind Sie ja doch recht komfortabel für ihn).

15. Sie sind im Extremfall bereit, Demütigungen bis hin zu körperlicher Gewalt durch den Partner zu erdulden, statt sich aus der schädigenden Partnerschaft zu lösen.

16. Denken Sie grundsätzlich einmal darüber nach, ob Sie

eine Liebesbeziehung *brauchen*, um sich glücklich zu fühlen. Sind Sie ohne einen Partner einsam, verloren und »halbwertig«? Irgendwie leer? Sehnen Sie sich zutiefst nach Verständnis und Geborgenheit?

17. Fühlen Sie sich auch *mit* einem Partner oft ungeliebt und einsam?

18. Verlieben Sie sich leicht, und zwar vorzugsweise in den Falschen – also in einen Mann, der Sie weniger liebt und beachtet als umgekehrt, der gebunden ist, der sich distanziert verhält? Der Sie seltener anruft als Sie ihn? Der alkoholsüchtig ist oder ständig neue weibliche Eroberungen machen muss? Der uns kaum an seinem Leben teilhaben lässt?

19. Sind Sie in Gedanken ständig bei dem Geliebten? Fragen Sie sich, was er gerade macht, wen er trifft und wann er sich endlich wieder meldet?

20. Zweifeln Sie grundsätzlich an Ihrem persönlichen Wert und der eigenen Attraktivität?

Falls Sie etliche dieser Fragen bejahen – willkommen im großen Club der liebessüchtigen Frauen! Alle diese Gefühle beinhalten einen Suchtfaktor und behindern eine dauerhaft glückliche Liebesbeziehung von vornherein.

Der wunde Punkt liegt dabei in der Fixierung auf den anderen. Erst fällt das kaum auf, man ist selig verliebt und genießt die Schmetterlinge im Bauch. Ganz langsam wird die Verliebtheit aber immer einseitiger. Der Traumprinz ist Mittelpunkt aller Gedanken und Gefühle. Irgendwann kann sich die Betroffene ein Leben ohne ihn gar nicht mehr vorstellen, und die Sehnsucht nach mehr Zuwendung wird immer größer. Eine eigenartige Dynamik beginnt. Je mehr die Frau ihren Märchenprinzen liebt und vergöttert, desto desinteressierter und abweisender verhält er sich.

Da hilft es auch nicht, sich strategisch zurückzuhalten und sich seltener zu melden, denn er scheint Sensoren dafür zu haben, wie abhängig die Partnerin sich von seiner Liebe fühlt. Das hält ihn auf Abstand und treibt ihn vielleicht sogar in die Flucht. Die Betroffene hingegen entfernt sich immer mehr aus ihrer eigenen Mitte und fühlt sich zunehmend bedürftig und schwach. Das verdrängt sie jedoch und gibt sich umso mehr Mühe, damit es besser und schöner läuft.

Ab und zu bekommt sie endlich doch eine Portion Zuwendung und ein paar Komplimente, womit sie sich für den Moment satt und glücklich fühlt. Aber ER hat längst die Macht über sie gewonnen.

Dieser Zustand ist ausgesprochen fatal. Denn nie, wirklich niemals sollten Sie die Macht über sich selbst an jemand anderen abgeben!

Doch wenn Sie liebessüchtig sind, tun Sie *alles* für das winzigste bisschen Zuwendung. Sie warten und hoffen, dass Ihr Lover Ihnen endlich das gibt, was Sie ersehnen, wonach Sie so sehr verlangen. Und wofür Sie so hart kämpfen, mit Mühe, Anstrengung, Schönheit, Sexappeal, Aufwand, Warten und Leiden.

Tatsächlich ortet die liebessüchtige Frau mit ihrem instinktiven Radar immer zielgenau das Objekt ihrer Begierde, das (herztechnisch gesehen) nicht zu kriegen ist. Besonders beliebt sind männliche Exemplare mit Verantwortungsallergie, die obendrein keine Nähe mögen. Manchmal verliebt frau sich unbewusst ganz gezielt in Männer, die sogar ganz freimütig bekennen, dass sie beziehungsunfähig sind. Die offen signalisieren, dass Liebe von ihnen nicht einfach zu bekommen ist, sondern, wenn überhaupt, nur infolge großer Bemühung, und auch dann nur selten und wenig. Typisches Beuteschema einer Liebessüchtigen wäre zum Beispiel der beziehungsunwillige Womanizer, der aufgrund seiner Attraktivität und seines hohen Testosteronspiegels ausgesprochen spielerisch mit Sexdates und Affären umgeht und sich »nicht klammern lässt«, wie er es gern ausdrückt. Ein anderes Objekt der Anziehung kann auch der eigentlich glücklich verheiratete Familienvater mit zwei kleinen Kindern sein, oder der smarte Unternehmer, der nichts gegen eine heiße Affäre hat, sich aber keinesfalls binden mag, der gefühlsverstörte Alkoholiker oder der verarmte Lebenskünstler, der dringend finanzielle Unterstützung sucht.

Solche Männer haben gemeinsam, dass sie nach zunächst starkem Interesse den Rückzug antreten. ER ruft nicht zurück oder lässt sich damit verdächtig viel Zeit. Findet bald Ausreden, warum ein Treffen momentan leider nicht möglich ist.

Eine Frau, die *nicht* liebessüchtig ist, würde einen solchen Partner nach kürzester Zeit empört und ohne Bedauern in die Wüste schicken: »*Was der sich einbildet! Und herausnimmt! Mit mir nicht!*«

Doch bei der Liebessucht ist es geradezu umgekehrt: Die Faszination steigt mit dem Schwierigkeitsgrad, man muss sich die eigene »Liebenswertigkeit« schwerstens erarbeiten und erkämpfen. Außerdem glaubt die Betroffene, so irrational das auch sein mag, dass sie denjenigen schon »hinkriegen« und seine Zuneigung erobern wird. Bei ihr wird der Womanizer treu, der Alkoholiker liebesfähig und der Gebundene verfügbar. Weil sie ja ganz besonders liebenswert ist und das nur beweisen, demonstrieren und erkämpfen muss. Sein Herz muss halt erst erobert werden, glaubt sie.

Und startet mit Feuereifer ihre Strategien, Bemühungen,

Kämpfe und Krämpfe und Liebesbeweise – die allerdings immer weniger den erwünschten Erfolg zeigen. Wie verrückt ist das denn? Und warum um alles in der Welt tun wir uns so etwas an?

Die Ursachen ...

Die Ursachen für ein derartiges Beziehungsverhalten, das meist zu sich wiederholenden, tiefen Frustrationen führt, liegen in der Kindheit. Als Kind konnte der betroffene Mensch nicht lernen, sich selbst zu akzeptieren. Man zweifelt grundsätzlich an sich selbst. Mangelnde Liebe und Zurückweisung, Überforderung oder manchmal sogar Misshandlung, Schläge und emotionale Vernachlässigung prägen die Beziehungsform des liebessüchtigen Menschen. Typische Ursachen:

- Als Kind hat die Betroffene keine Geborgenheit erlebt.
- Das Kind hat Situationen des Alleinseins und des Verlassenseins erlebt.
- Das Bedürfnis nach Zuwendung, Zärtlichkeit und Anerkennung wurde nicht befriedigt.
- Die Eltern konnten keine positiven Gefühle zeigen.
- Die Eltern konnten bedingt durch eigene Defizite selbst keine Liebe oder emotionale Sicherheit vermitteln.
- Die Eltern hatten Suchtprobleme. Das Kind musste zu viel Verantwortung übernehmen und war überfordert.
- An das Kind wurden hohe Anforderungen gestellt und es erhielt nur Zuwendung für erbrachte Leistungen.
- Das Kind erfuhr häufig Zurückweisungen und vielleicht sogar Misshandlungen.

- Eigene kindliche Wünsche mussten verleugnet oder unterdrückt werden.
- Bei einer Elterntrennung ist es für ein Kind eine schmerzvolle Erfahrung, von einem Elternteil »verlassen« zu werden. Für die Zukunft entsteht die Grundangst, vom geliebten Menschen verlassen zu werden.
- Kinder sind bei einer Trennung der Eltern oft insgeheim überzeugt, dass sie am Auseinanderbrechen der Familie schuld sind, weil sie »nicht lieb genug« oder »nicht gut genug« waren.

Kein Mensch bleibt von solchen und ähnlichen Erfahrungen ganz verschont. Aber bei manchen Menschen, vor allem Frauen, wirken sich diese Erfahrungen eben besonders stark aus, vor allem, wenn sie geballt und in Kombination auftreten.

... und ihre Folgen

Diese oder ähnliche Erfahrungen mangelnder Geborgenheit in der Kindheit und Jugend sind die Hauptursache für ein fehlendes Selbstwertgefühl. Wer als Kind zu viel Verantwortung tragen und sich um andere kümmern musste oder nur durch große Anstrengung und Leistung Anerkennung erringen konnte, aktiviert diese Muster in einer Liebesbeziehung erneut.

Liebessüchtige sind aufgrund solcher Kindheitserfahrungen generell überkritisch mit sich selbst, werten sich insgeheim ab und können sich selbst nicht lieben. Deshalb suchen sie ihre Bestätigung und Anerkennung vollständig bei anderen Menschen, vor allem beim Partner.

Bei vielen derartigen Schwierigkeiten finden wir dieses Muster: Erwachsene suchen die Prägungen der Kindheit wieder auf, weil diese Prägungen so vertraut erscheinen. Vielleicht waren die Eltern sehr streng und distanziert, so dass man nur für gute Schulnoten oder für eine besondere Leistung freundliche Zuwendung bekam. Oder man erhielt vielleicht gar keine freundliche Aufmerksamkeit, sondern wurde viel kritisiert, ausgeschimpft und getadelt. Man fühlte sich eher geduldet als geliebt, und oftmals auch abgelehnt.

Fatalerweise durchleiden auch gerade die Frauen, die in der Kindheit zu wenig Geborgenheit, Liebe oder Anerkennung bekommen haben, einen besonders tiefen Trennungsschmerz. Das Lebenselixier – Anerkennung und Liebe – fehlt ihnen einfach, und so fangen sie oft schon in der Pubertät an, das, was ihnen fehlt, unbewusst in einer Liebesbeziehung zu suchen. Ein verhängnisvoller Kreislauf entsteht.

Das bedeutet im Grunde, dass solche Frauen immer wieder nach der entbehrten Nestwärme oder der schützenden Mutterliebe suchen.

Oder sie wünschen sich, einen Mangel an Vaterliebe und väterlicher Anerkennung aufzufüllen. Und wer soll das alles leisten und zur Verfügung stellen? Der Partner!

Das klingt zunächst absurd. Mutterliebe und Vaterliebe gehören nicht unbedingt zum Repertoire dessen, was ein Mann seiner Partnerin bieten kann oder bieten möchte, von Ausnahmen abgesehen. Aber selbst wenn ein Mann das emotional leisten könnte und wollte, was würde das für die Beziehung und für die Partnerin bedeuten?

Die Beziehung geriete kräftemäßig und emotional aus der Balance. Als Frau würden Sie von Ihrem Partner und seiner Zuwendung abhängig. Sie würden unselbständig und schwach, und Ihr Selbstbewusstsein ließe sehr zu wünschen übrig.

Danach sollten wir besser nicht streben, auch wenn es noch so große Defizite in unserer Kindheit gegeben hat. Das Ziel, glücklich zu leben, kann nur auf der Basis stattfinden, dass wir **in uns selbst** das finden, was wir brauchen: indem wir emotionale Defizite ausgleichen und Ich-Kraft entfalten.

Falls Sie solche Tendenzen zu Liebessucht oder entsprechende Defizite in der Kindheit bei sich feststellen, sprechen Sie einmal mit Freunden und Freundinnen darüber. Holen Sie sich, wenn nötig, Unterstützung durch einen Coach oder einen Psychotherapeuten. Denn solche Muster sitzen sehr tief in der Seele, ganz gleich, wie intelligent, kompetent und leistungsfähig eine Persönlichkeit ist. Kinder mit dieser Prägung haben trotz aller noch so ausgeprägt vorhandenen Qualitäten oft starke Minderwertigkeitsgefühle entwickelt, sie hegen tiefe Selbstzweifel und haben wenig Selbstwertgefühl. Das kindliche Ich speichert einfach nur: »Aha, Liebe geht also so, dass ich erst mal gar keine Zuneigung bekomme, und wenn doch, dann nur als Belohnung für große Anstrengung und Leistung. Sonst bin ich keine Liebe wert.« Dabei handelt es sich um eine unsichtbare Verletzung, die niemals heilt und die im Laufe des Lebens quälender sein kann als eine chronische Nierenkolik.

Liebessüchtige empfinden auch oft, wenn sie allein mit sich sind, eine innere Leere, manchmal sogar Depression.

Aber hier kommt die wirklich spannende Information zu dieser Leere und der depressiven Stimmung, die sich in das Alleinsein einschleicht: *Diese depressive Leere ist normalerweise nichts anderes als eine abgespeicherte Erinnerung!*

Dennoch erscheint sie vollkommen aktuell, real und unhinterfragbar. Die Trennung der Eltern oder der Tod eines

Elternteils, ein längerer Aufenthalt in einem Krankenhaus, Kinderheim oder Waisenhaus haben solche Urängste und ein resignatives Leeregefühl des Verlassenseins erzeugt. Solche alten Wunden heilt auch die Zeit nicht. Wenn die erwachsene Person befürchtet, verlassen zu werden, brechen die existenziellen Ängste der Kindheit sofort wieder auf.

Die Betroffenen sehnen sich ihr Leben lang danach, dass ein Partner kommt, sie erlöst, die Leere füllt und diese Angst auflöst. Das scheint auch zeitweise zu funktionieren, aber – auf dünnem Eis. Schon die kleinste Distanzierung oder vage befürchtete Zurückweisung konfrontiert die Liebessüchtigen mit der bedrohlichen Leere, die sie kennen, fürchten und unbewusst sogar anziehen.

Fatal dabei ist, dass andere uns durch ihr Verhalten zusätzlich das widerspiegeln, was wir unbewusst von uns selbst denken und halten. Und auch das, was wir befürchten. Also verstärken andere, insbesondere der Partner, durch distanziertes Verhalten und seine Zurückweisung noch das Gefühl von Wertlosigkeit oder drohendem Verlassenwerden.

Das wiederum scheint aus Sicht der Betroffenen durchaus vertraut und berechtigt zu sein, der Partner reagiert also scheinbar richtig, denn das Muster passt genau. Also müssen sie sich eben noch viel mehr bemühen. Unterschwellig nehmen solche Menschen ohnehin immer die Schuld an Beziehungsproblemen auf sich und hegen unbewusst die Überzeugung, dass sie sowieso nichts taugen oder lästig sind.

Liebessehnsucht und Näheangst gehen dabei eine absurde Symbiose ein. So sehr eine liebessüchtige Frau auch daran arbeitet, immer wieder eine Beziehung anzustreben, so geht sie diese eben nur mit einem Mann ein, bei dem sie unbewusst spürt, dass er auf Distanz bleibt. Denn starke Sehnsucht kann sie ertragen – daran ist sie gewöhnt. Aber die *Erfüllung* ihrer

Liebessehnsucht könnte sie auf Dauer nicht ertragen. So funktioniert Liebe für sie einfach nicht! Die Liebessüchtige kann nur dann gefahrlos Nähe und Bindung suchen, wenn sie unbewusst davon ausgehen kann, dass der andere emotional auf der Bremse steht und dauerhaft für die notwendige Distanz sorgt.

Würde ein Mensch mit Liebesdefizit Liebe einfach *geschenkt bekommen* und bedingungslos geliebt werden, so würde ihn das sehr irritieren. Damit kann ein Betroffener nicht umgehen. Es würde nämlich mit dem vorhandenen Muster kollidieren: Bedingungslos geschenkte Liebe erscheint demnach wertlos. Das Unterbewusstsein reagiert darauf mit Ablehnung: »Der Mensch, der mir einfach so bedingungslos Liebe schenkt, fällt durch mein Raster, der ist emotional uninteressant. Er ist einfältig und erkennt nicht, dass ich seine Zuneigung gar nicht wert bin.«

Nur wenn die von Liebessucht und Selbstwertproblemen gequälte Person auf der Wichtigkeitsskala des anderen tief unten rangiert oder vom Verlassenwerden bedroht wird, nimmt sie den altbekannten Kampf auf, den vertrauten Kampf, den scheinbar unvermeidlichen Kampf – um Anerkennung und Liebe.

So befinden sich Liebessüchtige und Co-Abhängige in einem leidvollen Teufelskreis, den sie meistens nicht einmal entlarven können, weil sie sich in altvertrauten Mustern bewegen und die Lieblosigkeiten ihnen ebenso berechtigt erscheinen wie die eigene Verlustangst.

Aufgrund ihrer Verlustängste sind Liebessüchtige auch besonders anhänglich und bewerten Treue sehr hoch. Sie suchen darin die Sicherheit, die ihnen immer gefehlt hat. Gleichzeitig erinnern die häufig vermissten und immer häufiger ausbleibenden Reaktionen des Partners an die erlebten Trennungen und die damit verbundenen verdrängten Todesängste. Ja, wir müssen hier tatsächlich von Todesangst sprechen, denn ein Kind ahnt instinktiv, dass es ohne Schutz und Betreuung nicht überleben kann.

Zwangsläufig halten Liebessüchtige demnach die Liebesbeziehung für die kostbarste Glücksquelle der Welt und würden alles tun, um sie aufrechtzuerhalten. Getragen von der Angst vor dem früheren, als lebensbedrohlich erlebten Alleinsein, klammert der Liebessüchtige oder Co-Abhängige dann umso mehr.

Meist sind es Frauen, die dem Mann nachlaufen, ihn mit SMS überschütten und auf seinen Anruf warten. Um ihm dann schwere Vorwürfe zu machen, weil er sich nicht oft genug meldet und sie nicht genug liebt.

Liebessüchtige neigen aus ihrer subtilen Panik heraus zu extremem Kontrollverhalten und Eifersucht, was dem Partner nicht nur auf die Nerven geht, sondern auch dessen Respekt vermindert. Und ein Mangel an Respekt vor dem anderen sabotiert irgendwann Zuneigung und Liebe.

Hier das Beispiel solch einer Beziehungskonstellation:

Paul, 43 Jahre, promovierter Physiker und mittelmäßig attraktiv, soeben im Visier mehrerer weiblicher Beziehungssucherinnen, die ihn an einem schönen Sommerabend in geselliger Runde nach einer Vernissage umgeben.
Paul erzählt, dass er seit vielen Jahren Salsa-Kurse besucht, vor kurzem sogar einen Intensiv-Salsa-Kurs auf Ibiza. Die Damenwelt schaut beeindruckt. Fast kann man ihre respektvollen Gedanken lesen. (»Wow, bestimmt tanzt er besser Salsa als irgendjemand sonst. Sicherlich auch besser als ich.«) »Warum hast du so eine Passion für Salsa?«, fragt

Martine. Paul hat mittlerweile eine beachtliche Dosis Rotwein intus und ist in Plauderstimmung. Seine brandneue Eroberung Julia lauscht gespannt, als er kundtut, dass Salsa die perfekte Möglichkeit sei, schnell mit einer Frau auf Tuchfühlung zu gehen. »Salsa ist der sinnlichste, erotischste Körperflirt, den ich mir vorstellen kann«, schwärmt er. »Ich spüre sofort, wie sich ihr Körper anfühlt. Ob sie sinnlich tanzt oder nicht.« Er lächelt. »Vor allem merkst du sofort, ob da was geht oder nicht«, fügt er hinzu. Außerdem sei ihm wichtig, dass er selbst perfekt Salsa tanzen könne. Er als Mann müsse schließlich die Führung behalten.

André mischt sich ein und fragt süffisant: »Interessiert dich bei einer Frau nur die körperliche Dimension? Was hältst du denn so von Intellekt oder emotionalen Qualitäten?«

»Finde ich weniger interessant«, entgegnet Paul ebenso lässig wie ehrlich.

Seine Neueroberung Julia hat mittlerweile einen undurchdringlichen Gesichtsausdruck aufgesetzt und schaut ein wenig glasig. »Und beim Salsa-Tanzen findest du genialerweise immer eine sexy Frau«, fügt er hinzu. Paul hat sich damit immerhin authentisch als jemand geoutet, der rein körperliche, sinnliche und vor allem flüchtige Affären sucht.

Die Ladys in der Runde haben diese Botschaft vernommen, und ihr Interesse an Paul lässt merklich nach.

Außer bei Julia, der Pauls Äußerungen einen schmerzhaft eifersüchtigen Stich versetzt haben. Julia sehnt sich eigentlich nach einem langfristigen Lebensgefährten. Spätestens nach diesem ehrlichen Outing von Paul sollte man von ihr eigentlich nur noch eine Staubwolke sehen. Julia ist Anfang vierzig wie Paul und arbeitet als Chirurgin in der Kinderkardiologie. Sie ist athletisch und schlank, ihr Körper sportgestählt, vor zwei Jahren hat sie sogar am Ironman für Damen auf Hawaii teilgenommen. Ihr hübsches Gesicht ist von braunen Locken umrahmt, und ihre großen grünen Augen strahlen. Eine erfolgreiche, kompetente, sportliche und schöne Frau.

Nur leider besitzt Julia das innere Sabotagemuster der Liebessucht. Und Paul ist dafür genau der Richtige. Für sie hat soeben wieder einmal eine neue – verletzende, demütigende und erfolglose – Liebesgeschichte begonnen. Die binnen weniger Monate nach wüsten Eifersuchtsdramen scheitern wird, wie immer, und die ihre quälenden Selbstzweifel noch weiter verstärken wird. Schließlich hat sie auch diesmal wieder alles gegeben und um seine Liebe gekämpft, mit allen weiblichen Mitteln. Auch diesmal wieder vergeblich, wie schon so oft.

Als Liebessüchtige hat sie im Unterschied zu den anderen Frauen fatalerweise Pauls Outing als Herausforderung angenommen, ihn und sein Herz zu erobern und ihm ihre Qualität zu beweisen.

Wie damals in ihrer Kindheit.

Ihre Eltern, ebenfalls Ärzte, hatten kaum Zeit für sie. Aufmerksamkeit und Anerkennung erhielt Julia damals nur für exzellente Schulleistungen.

Was tun?

Das Unterbewusstsein legt den Liebessüchtigen also perfide herein. Ganz gleich, wie schwach und dämlich sich unterdessen der andere aufführen mag, das spielt keine Rolle. Denn der Liebessüchtige urteilt nicht, sondern *lässt sich beurteilen.*

Er beziehungsweise sie *bewirbt sich ständig um Beurteilungen.*

Und je herablassender, urteilender und kritischer sich ein Mann verhält, desto größer ist die Herausforderung.

Selbst wenn sich diese selbstsabotierende Prägung dem Verstand erschließt, können wir sie nicht einfach ändern, denn diese tiefsitzende Struktur verlangt eine gründliche Restrukturierung, bis tief ins Unterbewusstsein hinein.

Um die Abhängigkeit von solchen hartnäckigen Denk- und Verhaltensmustern aus der Kindheit zu löschen, kann ein Therapeut nötig sein, weil er die mangelnde Selbstliebe erkennen lässt und dabei hilft, ein gesundes Selbstwertgefühl zu entwickeln. Auch die Angst vor dem Alleinsein und dem Verlassenwerden ist mit therapeutischer Hilfe unter Umständen viel einfacher zu bewältigen.

Doch falls Sie sich in den Beschreibungen von Liebessucht oder Co-Abhängigkeit wiedererkennen sollten, versuchen Sie es ruhig zuerst einmal selbst. Sie selbst sind für sich – ob mit oder ohne therapeutisches Coaching – immer der kompetenteste Heiler mit dem größten Heilungspotenzial für eigene Probleme. Zugegebenermaßen braucht es großen Mut, sich überhaupt einzugestehen, dass man liebessüchtig ist. Obendrein fällt es anfangs wirklich schwer, die alten, gewohnten Verhaltensmuster zu durchbrechen. Aber mit diesem wichtigen Schritt der Selbsterkenntnis übernehmen Sie nicht nur die Verantwortung, sondern vor allem die Einflussmöglichkeit auf Ihr Lebensglück.

Die Chancen für einen glückverheißenden Neustart stehen dabei nicht schlecht. Denn wir sind als Menschen mit großartigen Gaben ausgestattet – der emotionalen Regenerationsfähigkeit und der Liebe. Und dem Talent, aus uns selbst heraus glücklich zu sein. Die machtvolle Essenz für Selbstheilung heißt in diesem Fall zunächst einmal: *Selbstliebe.*

Mit dieser Eigenschaft sind wir durchaus fähig, das Drehbuch unseres Liebesdramas komplett umzuschreiben. Und das lohnt sich.

In den folgenden Kapiteln wird beschrieben, wie wir uns selbst aus dem Teufelskreis der Liebessucht befreien können.

Als Erstes ist es wichtig, ein neues Selbstbild verbunden mit echtem Selbstwertgefühl zu entwickeln. Damit verbunden lassen wir Selbstliebe entstehen, und zwar eine unbedingte und freundliche Selbstliebe.

Zweitens knacken wir das innere Leeregefühl und entlarven es als das, was es in Wirklichkeit ist: nur eine Erinnerung, ein abgespeichertes und *erinnertes Gefühl* des verstörten Kindes, das wir damals waren.

Allmählich werden die Basis und die Sicherheit entstehen, die wir brauchen, um die verborgene alte Angst vor dem Verlassenwerden aufzulösen. Denn heute können wir natürlich ohne Bezugsperson überleben und aus uns selbst heraus glücklich sein. Wer diesen Weg für sich erschließt, erkennt, dass Einsamkeitsgefühle selten aus faktischem Alleinsein entstehen, sondern meistens aus *altem* Verlassenheitsschmerz und quälenden Kindheitserinnerungen.

Falls Sie sich also schon viel zu lange als Geliebte eines Gebundenen oder als Ungeliebte eines Egoisten herumplagen, könnte es an der Zeit sein, die Notbremse zu ziehen und abzuspringen! Auf diese Weise schaffen Sie die Voraussetzung für ein glückliches Leben, inklusive eines glücklichen Liebeslebens in der Partnerschaft. *Wenn* sich die Chance auf eine gute Liebesbeziehung ergibt. Denn weder auf Wunsch noch auf Knopfdruck – oder per Mausklick – lassen sich zwingend die wunderbare Liebe und der passende Gefährte finden. Daher basiert die Voraussetzung für ein gutes und glückliches Leben darauf, dass wir zunächst einmal mit uns selbst glücklich und zufrieden zu leben vermögen.

Mehrere Qualitäten bilden dafür die Voraussetzung: Selbstliebe und Selbstachtung, eine kreative Lebensgestaltung und … ein liebevoller Umgang mit der Umwelt.

Nur wenn Ihr Lebensglück nicht allein von der Bedingung einer großartigen Partnerschaft abhängt, ist es verlässlich. Sie werden unabhängig vom Erscheinen oder Verschwinden des Märchenprinzen. Sie entwickeln eine tragfähige Basis für Ihr eigenes Wohlbefinden, wenn Sie das eigene Selbstwertgefühl aufbauen und sich ein stabiles inneres Glücksgefühl erschließen. Sich eine gut ausgestattete Lebensbühne gestalten, zum Beispiel mit möglichst vielen guten (Frauen-)Freundschaften, mit spannenden Aktivitäten, Interessen, Engagement und Hobbys und vielen guten Kontakten.

2

Durchs Feuer gehen – der Sinn von Schmerz und Trauer

Zurück zum akuten, quälenden Trennungsschmerz. Wer sich diesen Schmerz nach einer Trennung nicht zugesteht und ihn mit Medikamenten, Alkohol, Arbeitssucht oder manischer Ablenkung verdrängt, der leidet unter Umständen jahrelang. Ganz gleich, ob man die Beziehung selbst beendet hat oder verlassen wurde – wer nicht trauert und stattdessen zum Tagesgeschäft übergeht, sich mit Drogen, Aktivitäten, Arbeit oder Sport betäubt, den holt der Liebeskummer früher oder später doch in irgendeiner Form ein.

Viele Männer um die fünfzig erleiden einen Herzinfarkt oder kippen mit einem anderen Symptom wie beispielsweise Burnout plötzlich um. Viele Frauen um die fünfzig nehmen Antidepressiva oder Schlafmittel.

Das mag die verschiedensten Ursachen haben, und natürlich spielt äußerer Stress eine wichtige Rolle bei solchen Gesundheitsproblemen. Doch eine der häufigsten Ursachen liegt in chronischem emotionalem Stress. Verursacht durch unbewältigte Konflikte und verdrängten Seelenschmerz, vor allem nach gescheiterten Beziehungen. Gerade die sensiblen, intelligenten und beruflich erfolgreichen Zeitgenossen unter uns erleiden am häufigsten gravierende psychosomatisch bedingte Störungen. Vielleicht weil sie von sich selbst allzu gnadenlos Perfektion verlangen, um immer leistungsfähig und »störungsfrei« zu funktionieren? Mit dieser Mentalität fällt es jedenfalls besonders schwer, negative und leidvolle Gefühle zuzulassen und zu bewältigen, und Seelenschmerz oder Kummer zu akzeptieren. Das entspricht schließlich nicht dem Image, das wir von uns selbst haben und der Welt präsentieren möchten.

Doch die erste Voraussetzung, um emotional zu heilen, um körperlich gesund zu bleiben und außerdem wieder stark und klar zu sein, besteht darin, ehrlich bei seinen Gefühlen zu verweilen. Das bedeutet, zu sich selbst zu stehen und Selbstliebe aufzubringen. Auch Gefühle von Schmerz zu akzeptieren, sie auszuhalten und zu ertragen. Zu weinen, sich zurückzuziehen, vielleicht darüber zu reden, Trost in Musik oder in einer kreativen Ausdrucksform wie beispielsweise dem Schreiben zu suchen. Trauern.

Ihr Kummer wird täglich etwas mehr nachlassen! Bis Sie eines Tages nicht mehr verstehen, was Sie an diesem Mann so toll gefunden haben. Der Schmerz wird definitiv enden. Früher oder später.

Gestehen Sie sich zu, dass Sie bis zu diesem Zeitpunkt Heilung brauchen, wie bei einer Krankheit. Auf eine Art stellt Liebeskummer eine vorübergehende Herzkrankheit dar, die Therapie und Heilungszeit braucht. Nicht ohne Grund sprechen wir im Volksmund von einem »gebrochenen Herzen«.

Trauerarbeit heißt also im ersten Schritt, den Schmerz zu fühlen und sich der Realität zu stellen.

Will man als Nächstes die schmerzhaften Sehnsuchtsgefühle nach der vergangenen Beziehung überwinden, besteht der zweite Schritt darin, auftauchende Gedanken mit *schönen* Erinnerungen und Sehnsucht augenblicklich zu stoppen. Als »Gegengift« ersetzt man sehnsuchtsvolles Schmachten durch

Erinnerungen an jene Situationen, in denen man mit dem Partner *unglücklich war, verletzende Geringschätzung erfuhr oder Streit und schlechte Stimmung erlebte.* Keinesfalls sollte man sich Sentimentalitäten zugestehen und bespielsweise gemeinsame Lieblingssongs hören, in süßen Erinnerungen schwelgen oder sich Wehmut erlauben.

Um diesen heilenden Schritt zu vollziehen, werden wir im Kapitel »Rückfallvorbeugung« eine Checkliste erstellen, die uns emotional erst einmal gründlich vor schmachtender Idealisierung schützt.

Andernfalls wird man nämlich sehr viel länger leiden als jemand, der die Anhänglichkeit durchbricht und die Sehnsucht auflöst. Sich losreißen, die Beziehung abhaken, neu durchstarten, Selbstwertgefühl stärken und lernen, sich selbst genug zu sein, lautet nun die heilende Devise.

Millionen Menschen leiden momentan genau wie Sie

Vielleicht tröstet es Sie ein wenig, dass genau in diesem Moment Millionen Menschen auf der ganzen Welt unter ähnlichem Seelenschmerz leiden wie Sie, wenn Sie gerade Liebeskummer haben und eine Trennung durchstehen. Die Trennung von einem Menschen, den man liebt oder zumindest geliebt hat, gehört nun mal zu den schmerzlichsten Erfahrungen, die wir machen können.

Ein weiterer Schmerz kommt hinzu, falls man verlassen worden ist. An diesem Punkt werden wir wieder mit jener Urangst konfrontiert, die wir vermutlich als Säuglinge erlebt haben. Wir waren damals mit unserem Überleben vollständig davon abhängig, dass wir geliebt und versorgt wurden. Verlassen zu werden beinhaltete akute Lebensgefahr.

Bei einem ständig gut versorgten Baby wird diese Grundangst kaum berührt. Aber bereits einige Stunden des Alleinseins können diese Todesangst beim Baby auslösen, und viele von uns waren als Säuglinge einmal kürzere oder längere Zeit allein, aus welchen Gründen auch immer. Diese Panik vor dem Alleingelassensein, Verlorensein und Sterbenmüssen wird dauerhaft in den Tiefen des Unterbewusstseins abgespeichert. Im Erwachsenenalter brauchen wir eine solche Befürchtung zwar nicht mehr zu haben – dennoch, die Urangst sitzt im Zellgedächtnis und im Unterbewusstsein.

Diese überaus schlimme Erfahrung, nämlich die Angst vor dem Verlassenwerden, äußert sich unter anderem in krankhafter Eifersucht. Wer dieses Gefühl je verspürt hat, weiß, wie quälend es ist und wie hilflos man sich damit fühlt. Ohnmächtig, nach Macht über den anderen strebend, wütend über die Ungeheuerlichkeit, dass er uns möglicherweise im Stich lassen könnte!

Auch wenn der Verstand uns sagt, dass die schmerzhafte Eifersuchts-Verlassenwerden-Angst aus frühkindlichen Urängsten resultieren dürfte, hilft das emotional noch längst nicht, um die verborgene Panik und Eifersucht zu überwinden.

Denn wenn wir im Erwachsenenalter verlassen werden, werden diese frühkindliche Urangst und der Urschmerz reaktiviert. Wir vermissen den anderen Menschen so qualvoll, als müssten wir auf der Stelle sterben. Und das alles, weil unser Unterbewusstsein eine solche Furcht vor langer Zeit abgespeichert hat.

Bei diesen Gefühlen handelt es sich um grundlegende menschliche Überlebensängste, und es gibt gute Gründe, weshalb solche Ängste existieren müssen. Der panisch schreiende Säugling brüllt buchstäblich aus Leibeskräften Hilfe herbei und beruhigt sich erst, wenn er sich wieder geborgen und versorgt weiß.

Als Erwachsene müssen wir solche Ängste und Schmerzen jedoch meistern lernen, um stark und eigenständig zu werden, sonst bleiben wir auf dem emotionalen Niveau des bedürftigen Kleinkinds stecken. Schlimmer noch – wir bleiben abhängig und anderen Menschen ausgeliefert in unserem Lebensglück und unserer Zufriedenheit. Doch Situationen ändern sich, die Unbeständigkeit und Dynamik des Lebens lässt uns auf lange Sicht keine zuverlässige Sicherheit in anderen Menschen finden. Dabei ist es zunächst einmal ganz gleich, ob dieser Mensch uns möglicherweise verlässt oder vielleicht irgendwann einmal sterben könnte.

Selbstverständlich verursacht Trennung einen tiefen Seelenschmerz. Doch es liegt auch eine große Herausforderung und Chance darin, Eigenständigkeit und Stärke zu entfalten, wenn wir uns diesem Schmerz auf die richtige Weise stellen.

Liebeskummer – eine ernsthafte Erkrankung

»Da lacht das Herz!«, sagt der Volksmund. Oder: »Er starb an gebrochenem Herzen.« Solche Kommentare waren bis ins 19. Jahrhundert hinein durchaus üblich.

Die moderne Medizin fand aber irgendwann heraus, dass ein Herz nicht »brechen« kann, weil es sich um einen elastischen Muskel handelt. Ist unser Herz also einfach nur ein Organ? Keineswegs!

Mittlerweile erkennt auch die Schulmedizin an, dass seelischer Herzschmerz reale Herzerkrankungen nach sich ziehen kann, dass also körperliche Herzbeschwerden manchmal ausschließlich aus seelischem Herzschmerz entstehen können.

Ein Herz kann unter anderem stillstehen vor Schreck. Und wenn es auch nicht »bricht«, so kann ein Herz vermutlich auch stillstehen, weil der Seelenschmerz zu groß ist, um ihn ertragen zu können. Es gibt zweifellos Fälle, bei denen Ehepartner nach jahrzehntelangem Zusammenleben innerhalb einer Woche beide eines natürlichen Todes versterben.

Manchmal existiert aber auch seelischer Schmerz in der Herzregion, während der Herzmuskel wie gewohnt seine gesunde, pumpende Funktion verrichtet. Das Herz ist eben weit mehr als nur ein Muskel. Die Herzregion ist die empfindsamste psychosomatische Region im Körper. Neben Depression und Schmerz werden auch himmelhoch jauchzende Freude, tiefstes Glück, zärtliche Liebe und natürlich auch innigste Verliebtheit besonders intensiv im Herzbereich empfunden.

Das bedeutet, dass wir sowohl körperlichen als auch seelischen Herzschmerz ernst nehmen müssen. Falls Sie sich also gerade in einer Verfassung befinden, in der Sie unter Herzschmerz leiden, sollten Sie diese Art von Schmerz auf keinen Fall ignorieren, das könnte im schlimmsten Fall lebensgefährlich werden.

Bislang vermag niemand zu sagen, wie viele Herzinfarkte auf das Konto eines verdrängten Herzkonflikts gehen, zu dem natürlich nicht nur Traurigkeit, sondern auch Hass- und Wutgefühle gehören können.

Eines ist jedenfalls wichtig: Mit physischen Herzbeschwerden sollten Sie bitte umgehend einen Arzt aufsuchen und sich »auf Herz und Nieren« untersuchen lassen!

Und was ist mit Depressionen? Falls Sie gerade noch in der ersten akuten Trennungsphase sind und vielleicht auch noch sehr unter Niedergeschlagenheit, Schlafstörungen oder sonstigen körperlichen Symptomen leiden, lassen Sie bitte zuerst abklären, ob eine Depression bei Ihnen ausgelöst wurde. Denn solche Symptome können auf eine depressive Störung hinweisen, die Sie blockiert und Sie davon abhält, bald wieder auf die Beine zu kommen. Eine echte Depression sollte immer professionell behandelt werden.

Wenn der Körper nach einer Trennung verrücktspielt

Nach einer Trennung können die unterschiedlichsten körperlichen Symptome auftreten. Das können die erwähnten Herzbeschwerden sein, aber auch Nierenschmerzen oder Magen-Darm-Probleme wie Durchfall. Manchmal treten auch ganz andere Symptome auf. Weit verbreitet sind zum Beispiel Essstörungen. Beim einen entstehen Heißhungerattacken, bei denen man Unmengen Nahrung zu sich nimmt, bis man ein fast schon schmerzhaftes Völlegefühl verspürt. Ebenso gut kann völlige Appetitlosigkeit auftreten, bei der man keinen Bissen mehr hinunterbringt.

Manch einer verspürt ein Verlangen nach Alkohol, um sich zu betäuben, ein anderer leidet unter zermürbender Schlaflosigkeit. Nicht selten treten im Zusammenhang mit einer Trennung Depressionen auf oder eine Form von Sucht, beispielsweise Arbeitssucht, um möglichst nicht denken und fühlen zu müssen.

Wenn Liebeskummer also eine Krankheit ist, gibt es auch eine Medizin dafür?

Ja, es gibt eine Medizin. Allerdings gibt es sie nicht in Tablettenform. Sie wirkt auch nicht über Nacht, sondern liegt tief in Ihrem Inneren verborgen. Sie müssen sie entdecken und freilegen. Die Medizin heißt: Selbstbewusstsein – innere Stärke. Aus diesen Eigenschaften heraus können Sie Ihren Liebeskummer überwinden und mit neuer Kraft durchstarten.

Krankheitssymptome sind meistens vermeidbar, wenn es gelingt, den Trennungsschmerz auf richtige Art durchzustehen und zu heilen. Eine erste wichtige Hilfe dazu finden Sie im nächsten Kapitel.

Praxis: Übung für toughe Frauen: Trauerarbeit – durchs Schmerzfeuer gehen

Ab jetzt finden Sie immer wieder praktische Anwendungen, die Sie heilen und coachen werden. Es empfiehlt sich, den Text ab jetzt »entschleunigt« zu lesen. Warum? Damit Sie nach der Lektüre frei, geheilt und stärker sind denn je – und nicht nur einfach einen informativen Text gelesen haben.

Die verschiedenen Praxis-Übungen sind pure Wellness-Therapie für Ihr Lebensglück und ein Coaching für eine starke, wohltuende Ich-Kraft. Damit diese Übungen Ihnen optimal nützen, lassen Sie sich bitte Zeit.

Lesen Sie immer nur ein Praxis-Kapitel auf einmal, wenn Sie mit der Übung aktuell etwas anfangen können. Praktizieren Sie diese Anwendung dann ein paar Tage lang, bevor Sie weiterlesen! Dann wird dieser Text ganz konkret Ihrer

Selbstheilung dienen und Ihnen ein intensives Coaching für Ihr Lebensgefühl, für Ihren Selbstwert und Ihr Selbstbewusstsein liefern.

Beginnen wir mit der Behandlung von Trennungsschmerz. Falls Sie gerade in der akuten Situation sind, quälenden Liebeskummerschmerz zu heilen, braucht es erst mal den Mut, sich dem Schmerz zu stellen. Ihn phasenweise in seiner vollen Wucht zu ertragen. Ohne Drogen und Ersatzbefriedigungen.

Natürlich dürfen und sollen Sie sich auch immer wieder ablenken, durch Treffen mit lieben Vertrauten, Freunden und vor allem mit Ihren Freundinnen, durch Unternehmungen, Aktionen und auch durch Arbeit. Aber in der ersten Trennungsphase brauchen Sie Zeiten, in denen Sie allein sind. Zelebrieren Sie dazu Ihre Heilungstage.

Tun Sie sich etwas Gutes. Geben Sie sich und Ihrer Trauer Raum. Nehmen Sie abends ein heißes Bad im Kerzenlicht, spielen Sie dazu sanfte Musik. Ziehen Sie gemütliche Schlabbersachen an und machen Sie sich einen Tee, Kakao oder Milchkaffee, gönnen Sie sich etwas Leckeres zu essen. Halten Sie Papiertaschentücher bereit, verkriechen Sie sich in die Sofaecke und hüllen Sie sich in eine weiche Decke. Denken Sie über die Beziehung nach, über den Ex. Fühlen Sie den Schmerz. Lassen Sie den Schmerz zu. Er ist zeitlich begrenzt und wird sie wieder verlassen. Er wird Sie nicht umbringen. *Er wird enden.* Erlauben Sie den Schmerz und halten Sie ihn aus. Weinen Sie ohne Hemmungen. Schmerz zu fühlen ist keine Schwäche, sondern Tapferkeit. Denken und analysieren Sie in dieser Schmerzphase *nicht*. Das ist nun mal jetzt Ihr Gang durchs Schmerzfeuer. Und jenseits dieses Feuers liegt eine neue, schöne und klare

Welt. Aber das Feuer sollte ertragen werden, ohne Verdrängung.

Also aktivieren Sie mutig die Tapferkeit einer Kriegerin und seien Sie bereit, sich der vollen Wucht des Gefühls zu stellen. Gehen Sie noch bewusster und intensiver in Ihren Schmerz hinein. Wagen Sie es, es lohnt sich. Denn jenseits des Feuers werden Sie neu geboren wie Phönix aus der Asche.

1. *Aushalten. Setzen oder legen Sie sich an einen Ort, an dem Sie ungestört sind. Schließen Sie die Augen und spüren Sie das Schmerzgefühl und dessen ganze Intensität.*

2. *Nicht denken! Vermeiden Sie es, über den Ursprung und mögliche Folgen des Schmerzes nachzudenken. Möglichst gar nicht nachdenken! Es geht ausschließlich um die Wahrnehmung des Gefühls. Schauen Sie nach, in welcher Körperregion es zu lokalisieren ist.*

3. *Weinen Sie, schreien Sie, lassen Sie Ihre Gefühle heraus.*

4. *Tauchen Sie ein in das Gefühl, lassen Sie es toben, weh tun und an Ihnen zerren, lassen Sie es schmerzen. Halten Sie die Emotion aus, in dem sicheren Wissen, dass sie vergänglich ist und sich auflösen wird.*

5. *Seien Sie inmitten der Wut oder des Schmerzes nach einer Weile das »Auge des Orkans«, um das der Sturm der Gefühle tobt und wütet. Beobachten Sie: »Wer nimmt dieses Gefühl wahr?« Oder: »Welche Instanz in mir erfährt und beobachtet dieses Gefühl?"*

6. *Während Sie das eine Zeitlang tun, »kochen Sie die emotionale Energie ab«. Auf diese Weise transformieren und erlösen Sie den Schmerz schnell und heilsam.*

7. Schaffen Sie weitere Zeitfenster, in denen Sie der Schmerzemotion erlauben, da zu sein, bis sie schließlich ganz aufgelöst sein wird.

Eine Klientin namens Miriam verdankte dieser Methode eine ausgesprochen rasche Gefühlsbewältigung und Heilung nach einer Trennung. Miriam ist attraktiv und schlank, um die vierzig, mit wachen braunen Augen, langen dunklen Haaren und vielen Lachfältchen. Seit Jahren führt sie zwei angesagte Boutiquen in der Stadt, fährt ein schickes Cabrio und wirkt, als könnte sie nichts umhauen. Doch als sie zu mir kam, schluckte sie bereits seit zwei Monaten ein Antidepressivum, dessen Dosis sie laut ihrer Aussage ständig weiter erhöhen musste, um klarzukommen.

Sie fühlte sich zutiefst verletzt und gedemütigt von ihrem Ex-Partner, erzählte sie. Wir gingen bei dieser ersten Sitzung ihre aktuelle Situation durch und sprachen auch über einige Beziehungen der Vergangenheit.

Als typisch für sich bezeichnete sie, dass sie nur auf äußerst attraktive Männer stehe. »Mit meiner flirtigen Art und meinem sexy Style kann ich solche Männer leicht faszinieren«, sagte sie und fügte hinzu: »Aber zielgenau gerate ich immer an gutaussehende Womanizer, die nichts anbrennen lassen. Nach spätestens einem Jahr entlarve ich denjenigen dann regelmäßig mit mindestens einer weiteren Frau beim Fremdgehen!«

Derzeit sei sie mal wieder am Boden zerstört. Es sei das vierte Mal hintereinander, dass sie sich belogen und betrogen fühle, sie fände sich nicht mehr schön und liebenswert. Sie sehe all ihre Liebesbeziehungen nur als schicke Fakes, die sich als hohl erweisen würden, und die Männer würden sie immer nur als dekoratives Püppchen benutzen.

In der Vergangenheit sei sie zwar nach einer Weile immer über den Trennungsschmerz hinweggekommen, aber diesmal seien ihre Gefühle quälender, weil sie sich als Frau wertlos und völlig in Frage gestellt fühle. »Ich kann diese ständigen Trennungen nicht mehr verschmerzen, ich bin völlig am Boden, ich habe Schlafstörungen und Verdauungsprobleme.«

Ihr Arzt hatte ihr ein stark stimmungsaufhellendes Medikament verordnet. »Aber damit fühle ich mich wie betäubt, ich erlebe alles wie durch einen Schleier«, beschrieb sie ihre Gefühlslage.

Miriam erschien – vielleicht auch durch die Einnahme des Medikaments – seltsam abwesend und starrte ins Leere. Dabei wirkte sie als Persönlichkeit eigentlich sehr stark, und daher empfahl ich ihr, auch wenn das anfangs schwerfallen würde, als Erstes die Methode »Gang durch das Feuer« zu wagen.

Vier Wochen später tauchte sie ziemlich verändert wieder auf.

»Ich hab die Pillen ins Klo geworfen!«, erklärte sie triumphierend und strahlte mich an. »Wenn schon, denn schon, das war immer meine Devise«, fuhr sie fort und beschrieb, wie sie sich zwei komplette Wochenenden als »Nonstop-Feuerlauf-Zeiten« zur Schmerzbewältigung verordnet hatte.

Das bedeutete für sie jeweils zwei Marathon-Sitzungen an zwei Tagen von je zwölf Stunden, die sie in ihrer Wohnung allein verbrachte, um sich bewusst und mit Haut und Haaren ihrem Schmerz und Desaster zu stellen. Anscheinend hatte sie ihr ganzes Temperament auf diese innere Aktion ausgerichtet.

Diese beiden hochemotionalen Wochenenden bezeichnete

sie als tränenreich, schmerzvoll und quälend, aber auch als sehr lebendig und intensiv.

»Ich dachte, entweder verrecke ich jetzt an den Seelenschmerzen oder ich steh sie durch! Das hat mir so eine trotzige Wut gegeben, dass ich geheult und geschrien und getobt habe. Und ich wusste, dass ich natürlich nicht ›verrecke‹, nicht seinetwegen und auch nicht wegen irgendeines anderen Kerls auf der Welt!«, fuhr sie fort, und ihre Augen funkelten wütend.

»Und jetzt ist das unfassbar für mich! Der Schmerz ist wie ausgebrannt«, erzählte sie. Die Bindung an den Ex sei gelöst, das hätte sie sich vor drei Wochen noch nicht vorstellen können. Sie fühle keinen Schmerz und keine Sehnsucht mehr nach ihm! Keinerlei Versuchung, doch noch mal Kontakt zu ihm aufzunehmen und ihm noch hinterherzuschmachten wie sonst immer bei ihren Ex-Partnern.

»Am Sonntagabend, nach dem zweiten ›Feuerwochenende‹, breitete sich in mir eine so tiefe und unbeschwerte Ruhe aus, wie ich es seit meiner Kindheit nicht mehr gespürt habe.«

Sie fühlte sich sichtbar erleichtert und befreit.

Zu ihrem eigenen Erstaunen war sie dem Ex gegenüber bereits nach diesem kurzen Zeitraum emotional »immun«. Offenbar hatte sie die Emotionen ihm gegenüber rückstandslos aufgelöst, es waren weder Sehnsucht noch Ärger, noch Depressionen übrig. Das hatte sie, wie sie berichtete, kürzlich sogar überprüfen können.

Ihr Ex-Partner hatte sie vor zwei Tagen noch mal in ihrer Boutique besucht. Er habe verwundert und auch etwas frustriert gewirkt, dass sie ihm zwar freundlich, aber auch desinteressiert begegnete, erwähnte sie leicht belustigt und auch ein wenig stolz.

Sie beschloss, therapeutisch weiter an sich zu arbeiten und sich zu stabilisieren, damit sie nicht demnächst wieder in die gleiche – übliche – Gefühlsfalle tappen würde.

Miriam ist emotional eine sehr starke Frau, die ein solch konzentriertes und intensives Pensum der Trauerarbeit gut verkraften konnte. Diese Intensität ist aber nicht für jeden geeignet. Normalerweise lässt man sich auf den intensiven Schmerz besser in kürzeren Zeitfenstern von zwei bis drei Stunden ein.

3

Kein Rückfall ins alte Muster: Checkliste machen!

Wenn Sie gerade ganz aktuell eine Trennung hinter sich haben, können Sie die heißen Gefühle der Wut und Frustration als eine Art Erste Hilfe nutzen und sich stabilisieren, um nicht ungewollt ins alte Muster zurückzufallen.

Dazu notieren Sie sich in vier Abschnitten verschiedene Problembereiche der letzten Beziehung, als Vorbeugung vor einem Rückfall. Bevor Sie dann wieder in Versuchung geraten, dem Ex doch noch mal eine gefühlvolle SMS zu schicken, lesen Sie vorher bitte diese Checkliste durch, um nicht doch wieder in die alte Falle zu tappen. Denn wir erinnern uns an Frustgefühle nun mal viel kürzer als an schöne Situationen.

Die Wut auf den Ex-Partner als Katalysator für den Neustart nutzen

1. **Auflistung der Ursachen für die Trennung**
   Schreiben Sie als Erstes einmal ausführlich auf, weshalb und in welcher Form die Trennung stattgefunden hat, ganz gleich, ob Sie die Beziehung beendet haben oder Ihr Ex-Partner.

2. **Negativ empfundene Verhaltensweisen des Partners**
   Listen Sie Äußerungen und Verhaltensweisen auf, von
   denen Sie sich verletzt und gekränkt fühlten. Unter
   welchen Verhaltensweisen haben Sie gelitten, und wo-
   durch hat der andere Sie verletzt? Durch Desinteresse,
   Lieblosigkeiten, Untreue, Rücksichtslosigkeiten etc.?
3. **Was hat mir gefehlt?**
   Listen Sie auf: Was habe ich mir vom Ex-Partner gewünscht – und nicht bekommen?
4. **Welche negativen Gefühle löste sein Verhalten bei
   mir aus?**
   Diese Auflistung ist die wichtigste! Sie wird Ihnen helfen, sich zu erinnern, wie mies Sie sich oft an seiner
   Seite *gefühlt* haben!
   Also, wie wenig wünschenswert es ist, wieder dort zu
   landen. Nehmen Sie sich hierfür besonders viel Zeit
   und notieren Sie genau, wie sich solche Frustrationen
   anfühlten.

   Beispiele:

* Wir waren zur Fete X eingeladen, und er schaute mich
  missbilligend an. Sein Kommentar: »In dem Kleid
  willst du dort aufkreuzen?« Ich ließ das Kleid trotzdem an, fühlte mich aber gekränkt und ungeliebt.
* Ich war mit ihm zusammen mit einer Gruppe von
  Freunden unterwegs, er hörte mir nicht zu, war geis-
  tesabwesend und desinteressiert an mir. Eine unbe-
  kannte hübsche Frau tauchte auf, plötzlich wirkte er
  wach und konnte seinen Blick kaum von ihr lösen. Im
  Verlauf des Abends sprach er sie an und ließ mich links
  liegen.

- Er trifft mal wieder eine Entscheidung ausdrücklich gegen meinen Wunsch, was ich als respektlos empfinde.
- Ich fühle mich immer hässlich und zu dick, wenn er in der Nähe ist. Ich fühle mich nicht schön genug an seiner Seite. Nicht wortgewandt genug, nicht repräsentabel genug, nicht erfolgreich genug. Nicht gut genug.

Listen Sie Ihre »Ich fühle mich unwohl mit ihm«-Situationen detailliert und möglichst lückenlos auf. Denn genau diese Liste wird Ihnen später helfen, nicht unter sentimental-trauriger Sehnsucht zu leiden. Mit ihrer Hilfe gelingt es Ihnen, die Beziehung nicht im Nachhinein fälschlich zu romantisieren. Mit dieser Liste können Sie sich bei Sehnsuchtsgefühlen fragen: *»Sehne ich mich danach wirklich zurück?«*

4

Nach dem Trennungsschmerz: Phönix aus der Asche

Endlich wieder allein – oder leider wieder allein? Wer diese Frage ohne Bitterkeit beantwortet, kann das Leben auch genießen, wenn eine Beziehung zu Ende geht. Sich selbst in den Mittelpunkt zu stellen, sich selbst zu mögen und wertzuschätzen heißt der Zaubertrick! Und wie Sie das fertigbringen, erfahren Sie in den folgenden Abschnitten, die Ihnen helfen, Ihre schlummernden Kräfte zu entfalten. Die Strategien zur Ersten Hilfe können folgendermaßen aussehen.

Erste Hilfe bei Liebeskummer

- Wie schon beschrieben: trauern, wütend sein, weinen und leiden! Den Schmerz herauslassen und nicht verdrängen, sonst blockieren Sie Ihre Energie oder werden sogar krank.
- Schreiben Sie ein Emotionstagebuch, um Ihren Gefühlen Raum zu geben. Auf die allerersten Seiten dieses Tagebuchs gehört die bereits beschriebene Trennungs-Checkliste mit den vier Punkten. Sie bildet Ihre stabilisierende Basis. Dann notieren Sie täglich, wie Sie sich fühlen. Dabei entdecken Sie vielleicht Aspekte an sich selbst, die Sie vorher nicht kannten oder nicht in den Mittelpunkt gestellt haben.

- Denken Sie nicht mehr sehnsüchtig über die Vergangenheit nach, sondern darüber, welche neuen und großartigen Möglichkeiten die Zukunft bereithalten könnte. Schließen Sie das Kapitel der alten Beziehung gründlich ab: Fotos, Briefe und Geschenke des Ex gehören in eine Kiste gepackt und weggestellt (oder sogar entsorgt).

- Die eleganteste Version ist, Trauer in Kreativität zu transformieren: Goethe nutzte 1774 seinen Liebeskummer, um *Die Leiden des jungen Werthers* zu verfassen. Vielleicht möchten Sie stattdessen Ihre Wohnung renovieren? Wenn es Ihnen gelingt, die Emotionen in kreatives Tun umzuleiten und etwas Neues zu schaffen, fördert das Ihr Selbstvertrauen.

- Möchten Sie sich eventuell ein Haustier zulegen? Tiere schenken bedingungslose Aufmerksamkeit und Liebe, sie sind immer für ihren Menschen da. Allerdings sollte dieses Geschenk auf Gegenseitigkeit beruhen, denn es braucht viel Zeit und Verantwortung, ein Haustier zu halten. Eine Alternative könnte auch ein Pflegetier sein, um das Sie sich gelegentlich kümmern oder das Sie zum Spaziergang mitnehmen.

- Jetzt bin ich dran! Jetzt können Sie all die Dinge tun, die der ehemalige Partner ablehnte. Erfüllen Sie sich vernachlässigte Wünsche, um die positiven Aspekte der Trennung zu erleben!

- Jede Art von Sport ist eine gute Methode, um Spannung abzubauen. Am besten draußen, denn Sonnenlicht macht gute Laune. Mit Hilfe von Entspannungsmethoden können Sie sich sammeln und zentrieren. Dazu genug schlafen, ausreichend trinken und sich gesund ernähren. Das macht Sie fit und hilft Ihnen dabei, sich körperlich und seelisch wieder besser zu fühlen.

- Wenn nichts so recht hilft und sogar körperliche Beschwerden in Form von Schmerzen oder anhaltenden Schlafstörungen auftreten, scheuen Sie sich bitte nicht, professionelle (therapeutische und ärztliche) Unterstützung in Anspruch zu nehmen.

Neue Ziele formulieren

Finden Sie positive Ziele. Entwickeln Sie ein Selbst-Design. Überlegen Sie: »Wie möchte ich mich denn jetzt fühlen, ohne ihn?«

Einige Beispiele:

- Ich möchte selbstbewusst und gut gestylt sein.
- Ich möchte noch mehr soziale Kontakte pflegen und beliebt sein.
- Ich möchte aktiver sein und mehr unternehmen, zum Beispiel ...
- Ich tue etwas für meine Entspannung.
- Ich werde daran arbeiten, einverstanden mit mir selbst zu sein, und viel zufriedener und gelassener, indem ich ...
- Ich möchte meine Interessen pflegen, neue Freunde gewinnen, mehr Energie in meine berufliche Karriere stecken ... und so weiter, je nachdem, was für Sie gut passt und was sich gut für Sie anfühlt.

Vor allem ist es wichtig für Sie, nicht einsam zu sein, wenn Sie wieder solo sind. Verbringen Sie viel Zeit mit Freunden und mit Ihrer Familie, denn gerade jetzt tut Ihnen menschlicher Kontakt gut. Fehlende »Streicheleinheiten« können Sie auch mit Thai- oder Esalen-Massage oder mit einem Besuch bei der Kosmetikerin ein Stück weit kompensieren.

Überlegen Sie, welche Dinge Sie immer schon mal in Angriff nehmen wollten, aber bisher noch nicht realisiert haben. Das könnte ein neues Hobby sein oder experimentelle Freizeitgestaltung, bei der Sie herausfinden, was Ihnen Spaß macht. Kurse bieten fast immer unverbindliche Schnupperstunden!

Nehmen Sie Kontakt zu alten Bekannten auf, die Sie vielleicht etwas vernachlässigt haben, und unternehmen Sie viel, um auch neue Menschen kennenzulernen. Bringen Sie frischen Wind in Ihr Leben, gehen Sie aus den vier Wänden hinaus, erkunden Sie Unbekanntes. Sie haben nichts zu verlieren – wenn Ihnen etwas nicht zusagt, können Sie sofort abbrechen und nach Hause zurückkehren.

Ein intensives Selbsthilfeprogramm kann jetzt starten, nach der Devise: Was tue ich, um mich selbst zu verwöhnen und mir zu zeigen, dass ich wertvoll bin?

Zum Beispiel: Mit Freunden tanzen gehen, in der Familie Zuneigung genießen, mich von der besten Freundin coachen lassen, wohltuende Massagen oder Kosmetikbehandlungen buchen, ein Sauna-Abend mit Freundinnen, sich einer Jogging-Gruppe anschließen, ein schönes Parfum kaufen, einen Holzbildhauerkurs besuchen, ein Abo im Fitnessstudio buchen … Ihnen fällt sicher noch mehr ein.

Vergessen Sie nicht, das Leben ist kurz – also nutzen Sie Ihre Zeit! Eine großartige Hilfe für Ihren Neustart ist dabei folgende »Selbstverpflichtung«:

Nehmen Sie sich drei positive Unternehmungen für das vor

Ihnen liegende Jahr vor! Das gilt – ab jetzt! Und wird in den Terminkalender eingetragen!

Auch dazu ein paar anregende Beispiele. Eine Klientin plante für sich die folgenden Aktionen, auf die sie sich bereits bei der Planung freute und die ihr halfen, das vor ihr liegende Jahr mit Optimismus anzugehen:

1. Endlich die schöne Seebühne am Bodensee besuchen und dort die Festspiele anschauen.
2. Ein schönes und aufwendiges Dinner für den Freundeskreis planen und veranstalten.
3. Ein Verwöhn-Wochenende in einem Ayurveda-Resort buchen.

Das waren lang gehegte Wünsche von ihr, die aber im Alltag dann doch immer auf der Strecke geblieben waren. Nun trug sie diese Wunschverwirklichungen **konkret in ihren Terminkalender ein** und freute sich auf die Realisierung.

Eine andere Klientin formulierte folgende Pläne:

1. Lernen, wie man Aufgesetzten selber macht. Die Freundinnen dann im Advent zu einem gemütlichen Abend mit selbstgemachtem Brombeerlikör einladen.
2. Von der guten Freundin lernen, wie man Wollsocken strickt.
3. Einmal Luxus pur: ein Shopping-Wochenende in New York.

Auch das waren Wünsche, die sie immer aufgeschoben hatte (keine Zeit, zu teuer etc.).

Eine etwas schüchterne Klientin nahm allen Mut zusammen und buchte im Rahmen dieser drei Vorhaben einen Schauspielkurs. Eine gute Idee, wie sich herausstellte, denn der Kurs machte ihr viel Freude. Auf der Bühne ging sie aus sich heraus wie nie zuvor. Dort gewann sie nicht nur an Selbstbewusstsein, sondern fand außerdem unternehmungslustige und interessante neue Freunde.

Eine frisch getrennte und nun alleinerziehende Mutter beantragte eine Mutter-und-Kind-Kur am Meer, auf die sie sich wochenlang freute und die ihr dann auch die erhoffte Erholung und Wohltat brachte.

Gönnen Sie sich immer mal etwas Besonderes. Etwas, wovon Sie schon immer geträumt haben, oder was Sie immer aufgeschoben haben. Planen Sie Neues, Unbekanntes. Nehmen Sie sich gezielt auch ganz kleine, bescheidene Projekte vor, die Sie reizen würden.

Das Wichtigste dabei ist: *Tragen Sie diese drei Aktionen in Ihren Terminkalender ein,* auf ein halbes oder ganzes Jahr verteilt! Damit sind sie fest eingeplant und fallen nicht mehr so leicht unter den Tisch. Es dürfen natürlich auch mehr als drei Pläne sein, aber drei sollten Sie mindestens für sich finden.

5

Selbstachtung und Persönlichkeit

Für uns Frauen gilt sehr oft, mehr bei uns selbst zu bleiben und uns nicht kopfüber, hastig und beinahe wahllos von einer Beziehung in die nächste zu stürzen.

Es wird Ihnen guttun, zuerst etwas dazuzulernen, um alte Muster nicht zu wiederholen.

Vor allem ist es wichtig für Ihre Würde und Selbstachtung, Ihr Leben selbst zu steuern und aus sich selbst heraus glücklich und selbstbewusst zu sein.

Also, auch wenn es gerade in einer schmerzlichen Trennungsphase noch so schwerfällt:

Finden Sie zuerst sich selbst, statt so schnell wie möglich einen neuen Partner zu finden.

Stärken Sie zuallererst Ihre Selbstachtung und Ihr Selbstwertgefühl. Kern der Liebessucht ist mangelnde Liebe und Achtung für sich selbst. Nur deswegen erscheint es schwierig, sich rechtzeitig zurückzuziehen, wenn man in einer Beziehung leidet oder schlecht und respektlos behandelt wird.

Man kann andere Menschen (insbesondere in diesem Zusammenhang: Männer) nicht ändern. Sie können nur sich selbst ändern. Zum Beispiel, indem Sie in Zukunft nie wieder wie ein Satellit um den Partner als ihr Lebenszentrum kreisen, sondern sich selbst in den Mittelpunkt Ihres Lebens stellen. Ansonsten verwechseln Sie ewiges Leiden und Sehnen und Hoffen und Warten und all das leidvolle Hin und Her mit leidenschaftlicher Liebe! Diese Fehleinschätzung ist ein Teil des Problems »Liebessucht«. Den wenigsten Frauen ist bewusst, dass sie überhaupt an Liebessucht leiden. Und wie sehr die mangelnde Selbstachtung und das mangelnde Selbstwertgefühl die immer wiederkehrenden Beziehungsprobleme aufrechterhalten. Ich kann es gar nicht oft genug sagen: Die Medizin gegen Liebessucht heißt Selbstvertrauen, Selbstliebe und Selbstachtung. Wer sich selbst loben kann und die Kraft zu einem eigenen, autonomen und beglückenden Leben aufbringt, wird viel stärker und unabhängiger von der Zuwendung seines Partners.

In diesem Kapitel finden Sie intensive Coachings für Ihr Selbstwertgefühl, Ihre Ich-Kraft und Ihre emotionale Autonomie. Sie werden danach mehr Anerkennung und Wertschätzung bekommen: im Beruf, bei Freunden und Bekannten, auf jeden Fall aber auch durch Sie selbst. Also von der kompetentesten und wichtigsten Person Ihres Lebens.

Mich selbst lieben statt den Ex-Partner hassen!

In der Zeit nach einer Trennung spürt man anfangs oft Wut über den Partner und seine Verhaltensweisen. Das ist normal, das darf man sich eine Weile genehmigen und eine solche Wut als Kraft und Brennstoff für eine innere und äußere Neuorientierung nutzen.

Besonders nützlich ist es, in der Phase die oben genannte Checkliste zu erstellen, zur Vorbeugung vor Rückfällen in alte Muster.

Aber gehen Sie ansonsten sparsam mit Ihrer Wut um, denn Wut, Hass und Ärger machen uns krank, seelisch und körperlich. Sobald es Ihnen irgend möglich ist, lassen Sie diese Wut und den Ärger wieder los. Der andere hat im Rahmen seiner vermutlich sehr begrenzten Möglichkeiten gehandelt. Verzeihen Sie ihm nach einer Weile. Lassen Sie ihn und seine Verhaltensweisen los. Seine Verhaltensweisen sind und bleiben für immer sein Privatbesitz, belasten Sie sich damit nicht unnötig.

Tun Sie nach der ersten Schmerz- und Wutphase lieber etwas für sich selbst. Statt den Ex zu hassen, können Sie die Liebe zu sich selbst – jetzt erst recht! – erwecken und vertiefen. Davon haben Sie weitaus mehr. Und dann steht Ihnen die vielleicht größte und faszinierendste Entdeckung Ihres Lebens bevor: Sie selbst.

Wie denke ich mich schwach?

Viele von uns sind regelrechte Weltmeister darin, sich selbst »schwach« zu denken. Also sich selbst durch die Art des Denkens zu entwerten. Oder die Gedanken wegdriften zu lassen, zum Ex. Oder zum Märchenprinzen, der endlich das große Lebensglück liefert. Aber was gerade in der Trennungsphase enorm schwach macht und auszehrt, ist Sehnsucht. Versuchen Sie dieses Gefühl zu entlarven, sobald es auftaucht. Meistens ist es eher ein diffuses Gefühl, das sich anfühlt wie: »Aaach … ich hab solche Sehnsucht nach Lust und Liebe … nach Geborgenheit und Zärtlichkeit … manchmal war es doch ganz schön mit meinem Ex, wie damals, als wir … würde ich doch wenigstens einem anderen faszinierenden Mann begegnen … würde ich doch endlich innerlich ankommen …«

Es fühlt sich fast so an, als würde etwas an Ihrem Herzen ziehen. Irgendwie leer und verloren driftet das Bewusstsein weg in eine ferne, schmachtende Sehnsucht. Man glaubt ein Defizit zu spüren, etwas, was man braucht, etwas, was fehlt. Bei Liebeskummer nach einer Liebesbeziehung kann es sich sogar anfühlen, als würde man emotional ausbluten, also sehr schmerzhaft. Diese Sehnsucht macht uns schwach, anfällig und bedürftig.

Zwar muss der Trennungsschmerz zunächst einmal ertragen und durchlebt werden, und je intensiver man sich ihm stellt, desto schneller erfolgt die emotionale Heilung. Doch dann sollte man die eigenen Gefühle und Gedanken wieder ein wenig lenken und nicht immer wieder zurückrutschen in die Sehnsuchtsfalle. Sehnsucht beraubt uns nämlich – wie einige andere schwächende Gefühle, zum Beispiel Selbstmitleid – der eigenen Präsenz und der Ich-Kraft. Sehnsucht suggeriert, dass wir nicht das sind und haben, was wir brauchen. Sehnsucht suggeriert fälschlicherweise, dass das, was wir brauchen, ganz woanders und bei jemand anderem liegt. Ein Irrtum, den es zu entlarven gilt. Den es außerdem zu transformieren gilt – in persönliche Autonomie und Stärke.

Wie denke ich mich stark?

Was können wir schwächenden Gedanken entgegensetzen? Gibt es stärkende Gedanken? Selbstverständlich – und Sie kennen sie längst.

Nach der ersten schmerzhaften Trennungsphase heißt es zunächst, sich bei Gedanken der Sehnsucht zu »ertappen«. Eventuell lesen Sie nochmals Ihre Trennungs-Checkliste. Und dann verwandeln Sie dieses gedankliche Wegdriften zum Ex in sein genaues Gegenteil: **Holen Sie sich mental konzen-**

triert zu sich selbst zurück! Lassen Sie sich mit einem tiefen Atemzug in sich selbst zurücksinken. Legen Sie eine Hand auf Ihren Bauch oder Ihr Herz. Fühlen Sie Ihren Körper von Kopf bis Fuß. Entspannen Sie sich und atmen Sie bewusst in den Bauch. Nehmen Sie ein paar Minuten lang einfach mal Ihren eigenen Atem wahr.

Denken Sie das Ich stärkende Gedanken: »**Ich fühle meinen Körper vom Scheitel bis zu den Sohlen. Ich atme tief auf und spüre mein Atmen. Ich nehme mein Bewusstsein, mein Ich wahr.**«

Diese scheinbar so simple Übung besitzt eine ungeahnte Kraft und Wirksamkeit. Wenn Sie sich diese kurze Zentrierung angewöhnen und mehrmals täglich für eine Minute machen, besitzen Sie bald eine nie gekannte, gelassene Souveränität und ein starkes Selbst-bewusst-Sein.

Ganz gleich, ob Sie lieber Ihren Körper, den Atem oder Ihren Geist wahrnehmen möchten: Nehmen Sie sich selbst wahr. Besinnen Sie sich auf sich. Trainieren und kultivieren Sie dieses **Selbstgewahrsein. Es ist der gesündeste, wohltuendste und stärkste Geisteszustand, den es gibt.**

Selbstgewahrsein vermag nach kurzer Zeit Trauer und Schmerz aufzulösen. Selbstgewahrsein geht ganz natürlich mit einem guten, positiven Lebensgefühl einher.

Eine weitere, ebenso wichtige Möglichkeit, sich »stark zu denken«, besteht darin, grundsätzlich positiv über sich selbst zu denken. Entlarven Sie selbstkritische Gedanken, zum Beispiel: »In weißen Jeans sehe ich furchtbar fett aus!« Oder: »Ich bin mal wieder viel ungebildeter und unwissender als mein Gegenüber.« Oder: »Wenn ich erfolgreicher und attraktiver wäre, hätte er mich bestimmt nicht verlassen.«

Menschen mit schwachem Selbstwertgefühl denken den ganzen Tag lang Dutzende solcher Negativgedanken über sich selbst. Sie schwächen sich damit, blockieren die eigene Energie, die eigene Lebensfreude und das Selbstwertgefühl. Hier setzt die positive Umprogrammierung ein. Sie können konstruktive und freundliche Gedanken an die Stelle der selbstabwertenden Urteile setzen und damit Ihr Selbstbewusstsein stärken. Entweder denken Sie: »Ich trage gern stylische Jeans, die schlank machen, zum Beispiel meine braune Glanzjeans mit coolem Gürtel.« Oder: »Die weiße Jeans bringt meine weiblichen Rundungen schön zur Geltung.« Selbstcoaching-Gedanken wären auch: »Mein Gegenüber weiß interessante Fakten zu berichten, wie spannend. Das merke ich mir.« Oder: »Mein Ex wusste mich einfach nicht zu schätzen, aber das ist nun sein Problem.«

Resilienz und innere Stärke aufbauen

Die Entfaltung innerer Stärke beginnt ganz einfach: mit Ihrem Entschluss! Sobald Sie innerlich entscheiden und beschließen, ab jetzt unabhängig und stark durch Ihr Leben zu gehen und möglichst in jeder Hinsicht autonom zu sein, werden sich Kräfte in Ihnen regen, die bislang geschlummert haben. Machen Sie sich Folgendes klar:

- Abhängigkeit macht grundsätzlich schwach und behindert die Entfaltung Ihres persönlichen Potenzials.
- Unabhängigkeit verleiht Stärke und ein großartiges Selbstwertgefühl.
- Gesund ist es, keinen Partner zu *brauchen,* sondern sich einen Partner zu *wünschen.*

Innere Stärke wird von Psychologen auch als Resilienz bezeichnet. Resilienz bietet den besten Schutz vor Leiden und davor, aus der Bahn geworfen zu werden. Resilienz beinhaltet die innere Kraft einer Person, Niederlagen und berufliche Misserfolge, Konflikte, Lebenskrisen, Erkrankungen, eine Entlassung, einen Unfall, den Verlust eines lieben Menschen durch Tod oder Trennung, eine traumatische Erfahrung oder Schicksalsschläge zu überstehen ... und zu meistern.

Resilienz bezeichnet also die seelische Widerstandsfähigkeit und Unverwüstlichkeit; man könnte sie auch als »Immunsystem der Seele« bezeichnen.

Menschen, bei denen diese Eigenschaft stark ausgeprägt ist, werden von ihrem Umfeld auch gern als »Stehaufmännchen« bezeichnet. Oder man sagt über einen solchen Menschen: »Er/Sie fällt doch immer auf die Füße!«

Von widrigen Lebensumständen, Schicksalsschlägen oder Krisen lassen resiliente Menschen sich nicht so leicht unterkriegen. Sie agieren kreativ und flexibel in Situationen, in denen andere sich ohnmächtig und verzweifelt fühlen würden.

Ohnmachtsgefühle oder Selbstmitleid schwächen das Selbstbewusstsein und erzeugen das Gegenteil von Resilienz. Bei innerer Resilienz glaubt die Person hingegen an ihre eigene persönliche Kraft, an ihre Handlungsfähigkeit und an die Wirksamkeit ihres Handelns. Sie empfindet sich als effektiv, steuernd und kompetent. Dieser Glaube an die eigene »Selbstwirksamkeit« lässt Menschen in Krisensituationen mit Distanz auf das Geschehen schauen, oft sogar mit Selbstironie und (Galgen-)Humor. Damit behält man psychisch das Steuer in der Hand und vermag *lösungsorientiert* zu denken und zu handeln. Belastungen und Misserfolge sehen resiliente Persönlichkeiten als Herausforderung, um daran zu wachsen.

Mit dieser Einstellung erholt man sich natürlich deutlich schneller von Fehlschlägen und Niederlagen.

Und die besonders gute Nachricht ist: Resilienz ist nicht angeboren, sondern erlernt – also grundsätzlich trainierbar.

In der Kindheit fördern folgende Faktoren die Resilienz:

- Eine gute emotionale Beziehung zu mindestens einer verlässlichen Bezugsperson, die Sicherheit vermittelt.
- Akzeptanz und Respekt der Eltern oder einer sonstigen Bezugsperson, um ein positives Selbstwertgefühl zu entwickeln.
- Eine Bezugsperson, die aufzeigt, wie man konstruktiv und kreativ Probleme lösen kann.
- Positive Erfahrungen und Bestätigung im sozialen Umfeld.

Dadurch bildet sich die Grundlage für die Überzeugung, dass wir Einfluss auf das eigene Leben haben. Das beinhaltet natürlich auch, Verantwortung für das eigene Leben zu übernehmen und sich nie in die Opferrolle zu begeben. Manche von uns hatten diese positiven Einflüsse in ihrer Kindheit aber nicht. Keine Sorge: Resilienz können wir jederzeit entfalten, weil das Potenzial dazu in uns, in jedem Menschen vorhanden ist. Auch in Ihnen.

Wenn Sie Ihre Resilienz stärken möchten, dann konzentrieren Sie sich auf die folgenden Eigenschaften und Verhaltensweisen:

- Stärken Sie Ihr Selbstvertrauen, indem Sie sich kleinen Herausforderungen stellen – und sie meistern. Tun Sie Dinge, vor denen Sie sich sonst drücken!

- Loben Sie sich, belohnen Sie sich, wenn Ihnen das gelingt. Loben Sie sich für alle gemeisterten Herausforderungen.
- Schauen Sie mit Distanz auf die Problematik, als sei es das Thema einer fremden Person. Entwickeln Sie aus distanzierter Perspektive neue Lösungsansätze.
- Versuchen Sie auch einmal, mit Galgenhumor über die Situation nachzudenken und sich darüber zu amüsieren (falls sie nicht wirklich extrem tragisch ist).
- Erinnern Sie sich unbedingt an erfolgreiche Krisenbewältigungen in der Vergangenheit!
- Übernehmen Sie die Verantwortung für Ihre soziale Situation und schaffen Sie sich ein gutes soziales Netz. Falls dieses noch zu wünschen übrig lässt, überlegen Sie, wie Sie Ihre soziale Einbindung verbessern können. Lesen Sie vielleicht Ratgeber zu diesem Thema, pflegen Sie Freundschaften und Bekanntschaften, trainieren Sie Ihre soziale Kompetenz.
- Kultivieren Sie Ihren Optimismus. Glauben Sie daran, dass jede Situation einen Lernfaktor beinhaltet und dass sie für Ihre Entwicklung positiv sein wird.
- Sport verleiht Ihnen Dynamik und stärkt nicht nur den Körper, sondern auch den Geist, bringt Sie in Schwung und schenkt Selbstvertrauen.
- Gestehen Sie sich trotzdem zu, um Hilfe zu bitten, wenn Sie wirklich mal nicht allein weiterkommen.
- Sagen Sie sich: »Was immer auf mich zukommt, ich kann damit umgehen und werde eine Lösung finden. Ich werde eine Möglichkeit finden, um die Krise, das Problem, die Niederlage oder den Fehlschlag zu bewältigen. Ich werde daran wachsen und gerade dadurch ein größeres Selbstvertrauen entwickeln!«

Vergessen Sie nicht, dass Sie nicht die einzige Person sind, die Widrigkeiten überstehen muss. »Jeder hat sein Päckchen zu tragen«, heißt es so schön. Jeder Mensch muss sich früher oder später Krisen und Schicksalsschlägen stellen. Vergleichen Sie sich daher niemals mit Menschen, denen es anscheinend »immer« so gutgeht.

Vielleicht bringt Ihr Unterbewusstsein Sie auch manchmal in problematische Konstellationen mit der Absicht, dass Sie wachsen und Ihr Potenzial entfalten. Denn dazu sind Schwierigkeiten da, oder?

6

Selbstmanagement

Wenn Sie sich selbst und Ihr Wohlbefinden besser managen wollen, sollten Sie sich vor allem mit der Lenkung Ihrer Aufmerksamkeit, Ihrer Gedanken und Gefühle beschäftigen. Dazu gibt es viele gute Techniken, die ich Ihnen im Folgenden vorstelle.

Aufmerksamkeitsmanagement

Für das Wohlbefinden ist es wichtig, die eigenen Emotionen regulieren und lenken zu können. Wenn Ihnen das gelingt, verfügen Sie bereits über die Grundlage, auch Ihre Aufmerksamkeit zu managen. Denn neben dem Emotionsmanagement ist das Management der eigenen Aufmerksamkeit wohltuend für Ihr Lebensgefühl. Falls Ihnen das alles nach zu viel Steuerung, Kontrolle oder Disziplin klingen sollte, bedenken Sie bitte, dass jeder Trainingsprozess sich nach kurzer Zeit automatisiert. Denken Sie ans Lesenlernen. Anfangs schien es so mühsam, die Buchstaben zu erkennen und daraus Wörter zu bilden – und heute? Oder denken Sie an die Fahrschule: Bremsen, Kupplung treten, schalten – alles auf einmal! Heute geht das alles fast wie von selbst.

Tatsächlich ist alles Neue, das wir lernen müssen, erst einmal mühsam. Doch sobald eine neue Konditionierung erfolgt ist, brauchen Sie nur noch in extremen Situationen aktiv und bewusst einzugreifen, der Rest automatisiert sich.

Zurück zum Thema Aufmerksamkeit. Genau wie die Gedanken und Gefühle haben wir normalerweise auch die eigene Aufmerksamkeit nicht sonderlich unter Kontrolle. Wer ist eigentlich die Herrin in unserem inneren Haus? Wir selbst nicht unbedingt.

Es scheint im Übrigen, als hätten wir nur ein bestimmtes Kontingent an Aufmerksamkeit verfügbar. Diesen kostbaren Stoff lassen wir oft genug einfach so herumvagabundieren. Wir lassen die eigene Aufmerksamkeit von TV-Sendungen absorbieren, von einem optischen Reiz, der uns *gefangennimmt*, wir überlassen die Aufmerksamkeit einer Erinnerung, einer Situation, die wir durchgrübeln, wir verlieren sie an eine Sehnsucht, vielleicht auch an ein Heischen nach Bewunderung, oder lassen die Aufmerksamkeit um den Verflossenen zirkulieren. Oder die Aufmerksamkeit wandert in die Zukunft. »Was ist als Nächstes dran?«, fragt der Verstand hundert Mal am Tag, und dirigiert das Bewusstsein zu dem, was noch gar nicht aktuell ist.

Wenn wir mit unserer Aufmerksamkeit so achtlos umgehen, ist sie möglicherweise vom Aufwachen bis zum Schlafengehen komplett verschwendet und vergeudet. Wie geht es Ihnen damit? Nutzen Sie Ihre kostbare Aufmerksamkeit bewusst? Oder verliert und zerstreut sich Ihre Aufmerksamkeit den ganzen Tag lang, fast wie außengesteuert?

In diesem Fall taumeln wir innerlich von einem Gefühl zum anderen, von einem Begehren zum nächsten, die Gedanken tollen wie eine wilde Affenhorde durch den Kopf. Die Aufmerksamkeit vagabundiert sonst wo herum, mal in der Vergangenheit, mal in einer Projektion, Hoffnung oder Sorge, gern auch immer wieder absorbiert von irgendwelchen Wünschen, gelegentlich verloren in den Tiefen des Internets. Jedenfalls bestimmen wir meistens nicht aktiv, wann, ob überhaupt und in welcher Form uns diese faszinierende mentale Energie zur Verfügung steht!

Dient sie der eigenen Fokussierung, dem eigenen Selbstbewusst-Sein? *Nutzen* wir sie für den Aufbau unserer Ich-Kraft, für persönliche Power und Präsenz?

Könnten wir allein die im TV-Gerät verschwundene Aufmerksamkeit der vergangenen Jahre zurückholen und verfügbar machen – was für ein Reservoir an mentaler Energie und Bewusstheit wäre plötzlich für unsere Selbstwahrnehmung verfügbar! Wir würden uns in einem Zustand kristallklar fokussierter Präsenz und Ich-Kraft befinden! Kraftvoll bewusst. Faszinierend selbst-bewusst!

Das wäre nicht nur ein Hochgenuss, wir wären auch imstande, außerordentlich klare, kluge Entscheidungen zu treffen, die dem eigenen Wohlergehen dienen. Und wir könnten damit die eigene Kompetenz potenzieren, sei es, um die Steuererklärung in Rekordzeit zu bewältigen oder um mit brillanter Führungsqualität eine Konferenz zu leiten.

Doch wir haben sie verloren und verplempert. Bis zu dem Zeitpunkt …

Genau. Bis zu dem Zeitpunkt, an dem wir uns anders *entscheiden*. Genau in dieser Sekunde beispielsweise könnten Sie beginnen, mit der eigenen Aufmerksamkeit hauszuhalten. Sie zu lenken, sie dort zu konzentrieren, wo Sie sie haben wollen. Und sie dort abzuziehen, wo Sie sie *nicht* verschwenden wollen (zum Beispiel beim Ex, in nutzlos wehmütiger Sehnsucht).

Tatsächlich müssten wir mit unserer Aufmerksamkeit bloß ähnlich bewusst haushalten wie mit Geld – das wir lieber hier sparen und dort investieren! Damit erschließt sich ein neuer, sehr kraftvoller und selbstbestimmter Lifestyle. Ihr ganzes

Leben wird sich ändern, wenn Sie die Ausrichtung Ihrer Aufmerksamkeit ändern!

Gedankenmanagement

»Fortgeschrittene«, die ihr Aufmerksamkeitsmanagement bereits ein wenig trainiert haben, können es auch schaffen, auf die Qualität des eigenen Denkens achtzugeben. Es ist bekannt, dass negative oder gehässige Gedanken ein ungutes Gefühl verursachen. Wohlwollende oder freundliche Gedanken erzeugen hingegen ein warmes Wohlbefinden.

Praxis: Beeinflussen Sie Ihre Gedanken

Wenn Sie nicht glauben, in welchem Umfang selbst Ihre flüchtigen Gedanken Ihr Wohlbefinden beeinflussen, machen Sie gleich hier und jetzt ein Experiment – es dauert nur drei Minuten.

1. *Denken Sie bitte eine Minute lang an eine Person, die Sie nicht mögen oder über die Sie sich ziemlich geärgert haben. Wünschen Sie dieser Person etwas Schlechtes und Unangenehmes. Gehen Sie in den Groll hinein und verstärken Sie die Abneigung.*
   Checken Sie Ihr Feeling. Und registrieren Sie Ihren Gesichtsausdruck.
2. *Denken Sie jetzt bitte eine volle Minute lang an die gleiche Person, die Sie eigentlich nicht mögen, und denken*

Sie sich Entschuldigungen oder Rechtfertigungen für diesen Menschen oder für sein Verhalten aus, das Sie geärgert hat. Versuchen Sie, sich an nette Verhaltensweisen oder positive Eigenschaften dieses Menschen zu erinnern. Geben Sie sich einen Ruck, seien Sie großzügig und gönnen Sie diesem Menschen einen angenehmen Tag.

Checken Sie Ihr Feeling. Und registrieren Sie Ihren Gesichtsausdruck.

3. *Denken Sie nun eine volle Minute lang an einen Menschen, den Sie lieben, oder auch an Ihr geliebtes Haustier. Erinnern Sie sich an eine lustige, schöne und herzliche Situation. Wünschen Sie dem geliebten Wesen, dass es glücklich und gesund ist.*

Checken Sie Ihr Feeling. Und registrieren Sie Ihren Gesichtsausdruck.

Haben Sie kleine Veränderungen Ihrer Befindlichkeit bemerkt? Meistens surfen wir mehrmals täglich durch solche positiven oder negativen Stimulationen, ohne wahrzunehmen, dass wir die eigene Stimmung durch die Qualität solcher Gedanken permanent beeinflussen.

Wenn Sie mögen, nutzen Sie diese Einflussmöglichkeit auf Ihre Stimmung!

Ähnlich wirkt sich die Motivation einer Handlung auf Ihr Befinden aus. Jemand, der arglos und freundlich denkt und agiert, ist grundsätzlich locker und entspannt. Ist Ihnen das bei Ihren Mitmenschen schon einmal aufgefallen?

Emotionsmanagement

Falls Sie aber doch einmal gedanklich und daraufhin emotional ganz übel in sehr unangenehme Gefühle abgestürzt sind, gibt es eine großartige Möglichkeit, Ihre innere Befindlichkeit neu zu gestalten und wieder in Harmonie und Ausgeglichenheit zurückzufinden.

Normalerweise hinterfragen wir es nämlich nicht, wenn ein Gefühl auftaucht. Ein Gefühl scheint eine unabhängige Autorität zu besitzen. Wenn es da ist, ist es da. Wir fühlen, was wir gerade fühlen, und das scheint immer begründet und unabänderlich zu sein, oder?

Das Gefühl scheint also unhinterfragbar berechtigt zu sein. Beim Gefühl der Freude oder Begeisterung würden wir das erst recht niemals hinterfragen, warum auch.

Aber denken wir nicht auch bei Ärger, Wut, Hass und Groll, dass dieses Gefühl grundsätzlich zu Recht besteht, auch wenn es uns noch so die Stimmung verhagelt?

Wir finden: Ich habe aber doch das Recht, zu fühlen, was immer ich fühle. Aber sicher! Sie haben jederzeit das Recht, sich zu ärgern. Das Recht, zu hassen. Das Recht, ungeduldig zu sein. Oder das Recht, zu leiden. Unglücklich zu sein. Sie haben das Recht, sich selbst leidzutun, das Recht, in Depressionen abzustürzen, und das Recht, ein unglückliches Dasein zu fristen. Zu all dem haben Sie selbstverständlich jederzeit das Recht. Die Frage ist nur, ob es sinnvoll ist, auf dem Recht zu negativen und selbstzerstörerischen Gefühlen zu bestehen.

Was, wenn Sie dieses Recht zwar haben, es aber für wenig sinnvoll halten, dieses Recht auch in Anspruch zu nehmen? Vielleicht halten Sie es eventuell für weiser, Ihre emotionale

Energie (die nicht gerade gering ist!) doch lieber für ein glückliches Lebensgefühl zu nutzen?

Aber dann stellt sich die Frage, wie man ein negatives, das heißt, selbstzerstörerisches Gefühl auflöst.

Hierzu gibt es mehrere Strategien, die keinesfalls das Gefühl unterdrücken oder verdrängen sollen. Vielmehr ist es das Ziel, die Emotion innerhalb einer überschaubaren Zeit *aufzulösen*.

Fünf Versionen des Emotionsmanagements

Diese Strategien stammen übrigens von einem charismatischen buddhistischen Lama namens Ringu Tulku Rinpoche. Sie nutzen damit also uralte buddhistische Weisheit, um wohltuende und souveräne Gelassenheit zu trainieren.

Praktizieren Sie im akuten Fall eine oder auch mehrere dieser Strategien, ganz wie Sie mögen und wie es Ihnen guttut.

1. Die Emotion ausleben. Weinen Sie Ihre Traurigkeit in eine ganze Kleenex-Packung hinein. Oder toben Sie Ihre Wut an einem Holzklotz aus, den Sie klein hacken. Oder rennen Sie wie von der Tarantel gestochen durch den Wald. Zerschlagen Sie Äste und brüllen Sie (wenn es niemand hört). Reagieren Sie sich intensiv ab, aber ohne dass jemand Schaden nimmt. Sobald die Intensität Ihres Gefühls abebbt, kuscheln Sie sich in Ihre Sofaecke und schenken sich warme Liebe und Verständnis. Umarmen Sie sich selbst. Spüren Sie herzliches Mitgefühl und Verständnis für sich, aber ohne Selbstmitleid. Kommen Sie wieder zur

Ruhe. Denken Sie an die Vergänglichkeit und Flüchtigkeit von Emotionen. Nächste Woche um diese Zeit erinnern Sie sich wahrscheinlich kaum noch an den akuten Zustand.

2. Atmen und zentrieren. *Zentrieren Sie sich, indem Sie der Emotion ein intensives Selbstgewahrsein entgegensetzen. »Ich bin ich. Ich nehme mich wahr. Ich fühle meinen Körper vom Scheitel bis zu den Fußsohlen.« Ziehen Sie sich zurück und entspannen Sie sich, sehr bewusst und sehr tief. Nehmen Sie nur noch den eigenen Atem wahr. Allmählich kommen Sie zur Ruhe, auf der körperlichen und seelischen Ebene. Seien Sie sich Ihrer selbst gewahr und lassen Sie alles andere in Unwichtigkeit verblassen.*

3. Die akute Emotion loslassen. *Lassen Sie das Gefühl entweichen. Wie ein Kind, dessen Luftballon geplatzt ist und das darüber traurig schluchzt … und das im nächsten Moment den Clown bemerkt, der über die Straße taumelt, seinen Hut verliert, eine dicke Dame anrempelt … Wie ein Kind, das dann schon wieder lacht.*
Weil es den Verlust des Luftballons losgelassen hat.
Denken Sie immer an die Vergänglichkeit und Flüchtigkeit von Emotionen. Vielleicht schon am nächsten Tag, nächste Woche oder nächsten Monat, spätestens in einem Jahr erinnern Sie sich wahrscheinlich nicht mehr an den akuten Zustand.
Entziehen Sie der Emotion auf diese Weise die Wichtigkeit und wenden Sie sich einer anderen Emotion zu. Zum Beispiel Dankbarkeit. Überlegen Sie, wofür Sie in Ihrem Leben dankbar sind. Was für Sie im vergangenen Monat schön und gutgelaufen ist. Wofür Sie heute dankbar sein könnten. Für Gesundheit? Einen passablen Job? Freunde?

Ein akzeptables finanzielles Auskommen? Vieles, das wir für selbstverständlich halten, ist es eigentlich nicht.

__4. Emotionale Alchemie.__ Diese Version liegt nicht jedem, aber probieren Sie es einfach aus. Versuchen Sie einmal, das gegenteilige Gefühl entstehen zu lassen! Als wären Sie ein Schauspieler im Theater, dem der Regisseur zuruft: »Jetzt Wut!« Und: »Jetzt Liebe!« Oder: »Jetzt Sanftmut!« Und dann: »Jetzt Lachen und Humor!« Ein guter Schauspieler zeichnet sich dadurch aus, dass er sämtliche Emotionen auf Zuruf ganz real in sich entstehen lassen kann. Und sie dann authentisch in seiner Rolle ausagiert.
Wenn also ein Schauspieler beliebig Gefühle generieren kann, dann können Sie das potenziell auch. Wenn Sie mögen, probieren Sie das beim nächsten Gefühlsausbruch von Trauer oder Sehnsucht aus. Erschaffen Sie das genau entgegengesetzte Gefühl in Ihrer Seele, zum Beispiel Gelassenheit, Selbstwahrnehmung, Zufriedenheit, Selbstliebe. Was beobachten Sie, wenn Sie das versuchen?

__5. Humor.__ Souveräne und intelligente Persönlichkeiten verfügen über ein Register von unschätzbarem Wert: Humor. Es kann unglaublich erlösend, relativierend und befreiend sein, sich selbst sogar mit seinem ganzen emotionalen Desaster einmal gnadenlos zu glossieren. Zeichnen Sie mal einen Comic über sich und Ihr derzeitiges klägliches Desaster! Betrachten Sie sich aus der Alienperspektive in dem Wissen, wie klein und relativ Emotionen sind und wie viel übertriebene Wichtigkeit wir ihnen manchmal verleihen. Ziehen Sie das Drama, Ihren Ex und die Emotion durch den Kakao. Lachen Sie, wenn irgend möglich, auch einmal darüber.

Neukonditionierung nach
der Trennung

So weit die fünf verschiedenen Strategien, mit quälenden Gefühlen umzugehen und sie aufzulösen. Während der Zeit des Liebeskummers sollten Sie mit sich und Ihrem Gefühl auf jeden Fall bewusst umgehen. Es ist sehr wichtig, Trauerarbeit zu leisten, um daraus gestärkt und geklärt hervorzugehen. Grundsätzlich aber nur in einem gewissen Ausmaß und für eine gewisse Zeit. Das bedeutet, dass Sie sich bei Liebeskummer eine Frist setzen sollten, bis wann Sie trauern wollen.

Sprechen Sie während der Kummerphase mit Freunden und Freundinnen darüber, holen Sie sich Trost. Ziehen Sie sich manchmal bei Kerzenschein mit Kakao und Kuscheldecke ganz in sich selbst zurück, weinen Sie, schreiben Sie Ihren Schmerz auf. Dann wiederum gehen Sie hinaus und lenken sich ab, so, wie es sich gerade passend anfühlt.

Wenn diese Phase endet, dürfen Sie sich selbst neu definieren und sich fragen: Was fehlte meiner Persönlichkeit in dieser Beziehung? Wie kann ich dafür sorgen, dass es mir wieder gutgeht?

Und damit beginnt die gründliche mentale Abkopplung. Gehen Sie nach der Schmerz- und Trauerarbeit einmal regelrecht ernüchternd vor. Hier finden Sie dazu eine »ernüchternde« Feststellung. Sie beginnt mit der Frage, inwieweit basiert eine Beziehung – um es wissenschaftlich-sachlich zu betrachten – auf Chemie in unserem Gehirn?

Tatsächlich prägen Aminosäureverbindungen unsere Erinnerung an einen Menschen und an sein Verhalten. Neue Synapsen und Rezeptoren bilden sich an den Nervenzellen, Oxytocin erzeugt Bindung und Anhänglichkeit für die Prägung, die in den Synapsen durch die Aminosäureverbindungen fixiert ist. Wenn wir diese Aminosäureverbindungen wieder auflösen, verschwindet die Anhänglichkeit und Bindung an die Person, irgendwann sogar die Erinnerung ... (Bei Menschen, die an der Alzheimer-Krankheit leiden, sind übrigens unter anderem diese Aminosäureverbindungen nicht mehr intakt, deshalb setzt bei ihnen das große Vergessen ein.)

Übrigens ähnelt dieses Geschehen der Suchtentwöhnung, beispielsweise bei Nikotinsucht. Was nämlich ist bei einer Nikotinsucht erfolgt? Hier haben sich – nicht wie bei einer Paarbeziehung durch Oxytocin, sondern unter anderem durch Dopamin – bestimmte Rezeptoren an den Synapsen im Gehirn gebildet. Diese Rezeptoren sind durch Nikotinzufuhr entstanden und verlangen nach mehr Nikotin. Je länger und je mehr Sie rauchen, umso mehr hungrige beziehungsweise süchtige Rezeptoren haben sich ausgebildet.

Auch am Ende einer Liebesbeziehung müssen im Gehirn vorherige Strukturen aufgelöst und neue Strukturen gebildet werden. Je schneller und gründlicher dies geschieht, desto früher sind Sie emotional frei. Frei und voller Energie für einen Neustart.

Eine Neukonditionierung, also eine Prägung auf neue *Muster* (nicht auf einen neuen Lover!), löst die alte »Sucht-« und Sehnsuchtsstruktur auf gesunde und klärende Weise auf. Sie ersetzt die alten, frusterzeugenden Muster durch neue, erfolgreiche, glückbringende Muster, die die eigene Persönlichkeit stärken. Genau das bringt Sie wieder in Ihre Kraft und schenkt Ihnen Heilung, Schritt für Schritt.

Selbstmitleid? Vorstufe zur Depression!

Es ist in der Trennungsschmerzphase nicht immer einfach, echten Trennungsschmerz von Selbstmitleid zu unterscheiden. Diese Unterscheidung ist für Sie aber sehr wichtig. Das Ertragen des Trennungsschmerzes, inklusive Trauern und Weinen, heilt und »reinigt« Ihre Seele. Selbstmitleid hingegen wirkt deprimierend und außerordentlich lähmend.

Sie können diese beiden Gefühle anhand der Gedanken unterscheiden, die damit einhergehen. Der Trennungsschmerz ist mit Gedanken schmerzhafter Sehnsucht, der Verletztheit und des Alleinseins verbunden. Trennungsschmerz ist vorrangig ein Gefühl, kein Denken.

Schmerzvolles Selbstmitleid lässt hingegen viele Gedanken entstehen. Zum Beispiel: »Ach, ich sollte es aufgeben, mir eine Partnerschaft zu wünschen. Bei anderen funktioniert es, aber bei mir nicht. Anscheinend ist es mein Schicksal, nicht geliebt zu werden. Vielleicht bin ich einfach nicht liebenswert.« Und so weiter.

Erkennen Sie den Unterschied? Selbstmitleid macht sie fertig, auch wenn es in dem Moment so scheint, als würde man in einem tröstlich-resignativen watteweichen Schmerz-Ozean versinken. Hüten Sie sich davor!

Seien Sie wachsam, welches Gefühl Sie gerade dominiert!

Wenn Sie Selbstmitleid bei sich entlarven, zeigt das bereits eine hervorragende Selbstreflektiertheit. Der nächste Schritt ist aber, sich selbst höchstens (!) eine halbe Stunde Selbstmitleid zu erlauben. Gezielt und geplant. »Anscheinend muss ich mir das jetzt mal erlauben, mir selbst leidzutun. Okay, aber nicht länger als dreißig Minuten.« Weinen Sie, schreiben Sie das Elend auf, klagen Sie das Schicksal an und fühlen Sie sich ungerecht behandelt. Hadern Sie mit der Welt und mit Ihrem Leben, stellen Sie sich vielleicht sogar vor, wie Ihre Umgebung voller Schock, Trauer und Entsetzen auf Ihr Ableben reagieren würde.

Aber nach maximal einer halben Stunde ist Schluss mit solchen Gedanken und Gefühlen! Beenden Sie nach dreißig Minuten so ein Bad im Selbstmitleid rigoros, denn sonst geht gleichzeitig unter anderem auch Ihre Selbstachtung baden. Wenn Sie ein Mensch sind, der über viel Humor verfügt, setzen Sie in diesem Moment eine gute Portion Selbstironie ein. Beginnen Sie, innerlich ein wenig über Ihr Selbstmitleid zu grinsen, sagen Sie sich, dass weder Selbstmitleid noch Suizid jemals jemanden glücklich gemacht hat. Und dann reißen Sie sich los! Diesen Stopp zu finden, ist sehr wichtig, denn die nächste Stufe heißt Depression. Vorsicht! Sie konditionieren sich sonst darauf. Diese hochgefährliche Stimmung darf man keinesfalls einladen, denn sie vergiftet Ihre Seele, lähmt Sie und macht Sie handlungsunfähig, kraftlos und unglücklich. Selbst Ihr Immunsystem reagiert mit verminderter Immunkraft auf negative Gedanken und Gefühle, so dass Sie leichter krank werden.

Falls Sie sich also in tiefem Selbstmitleid wiederfinden und sich nicht mit Hilfe von Selbstironie daraus befreien können, besteht die Alternative darin, eine Liste von positiven Dingen zu erstellen, die in Ihrem Leben geschehen und vorhanden sind. Diese Liste beginnt banal mit:

1. Ich habe ein Dach über dem Kopf und genug zu essen.
2. Ich bin (zumindest einigermaßen) gesund.

Setzen Sie diese Liste weiter fort, mit allem, was in Ihrem Leben positiv verlaufen ist. Welche Umstände gibt es, für die Sie dankbar sein könnten?

Denken Sie beim Erstellen dieser Liste beispielsweise an Menschen wie Samuel Koch, den jungen Mann, der bei »Wetten, dass?« verunglückte und halsabwärts gelähmt ist. Mittlerweile hat er sich mit seiner starken Willenskraft und seiner positiven Einstellung ins Leben zurückgekämpft, hat eine Schauspielausbildung abgeschlossen und ist festes Ensemblemitglied des Staatstheaters Darmstadt. Er sitzt nach wie vor im Rollstuhl, seine Handbewegungen werden durch jemanden gedoubelt, der sich hinter dem Rollstuhl versteckt. Denken Sie an krebskranke Kinder, die wissen, dass sie nicht mehr lange zu leben haben – und denken Sie an deren Eltern. Es gibt so viel Schmerz und Elend auf der Welt, in diesem Moment wird vermutlich wieder ein Straßenkind in Brasilien erschossen, und auf irgendeiner Toilette stirbt ein Junkie, der das Leben nicht ohne Drogen ertrug. All das wiegt vermutlich schwerer als das, was Sie gerade zu ertragen haben, auch wenn Sie zutiefst traurig und unglücklich sind.

Wie auch immer Sie es angehen: Nehmen Sie sich auf jeden Fall unbedingt vor dem anfangs verlockend melancholischen Versinken im tieftraurigen Lebens- und Weltschmerz in Acht!

Genau wie alle negativen Gedanken über sich selbst und über das Leben laden diese Gedanken einen Zustand ein, den Sie mit Sicherheit *nicht* einladen möchten: Depression.

Energetische Kopie einer
Power-Ikone

Ganz gleich, wie alt Sie sind, und ganz gleich, wie viele Partnerschaften hinter Ihnen und vielleicht noch vor Ihnen liegen – es ist immer besser, nicht von Sehnsucht ausgehöhlt oder getrieben zu sein. Mal davon abgesehen, dass Männer diese Art von »Bedürftigkeit« regelrecht wittern und lieber auf Abstand gehen, ist das für Sie einfach kein schöner Zustand.

Wenn Sie nach einer Trennung vielleicht schon bald Sehnsucht nach einem neuen Partner haben, ist das einerseits normal und in Ordnung. Andererseits dürfte es Ihnen guttun, sich Zeit zu lassen, um nach einem neuen Partner Ausschau zu halten. Dabei können Sie mehr persönliche Kraft ansammeln, um sich neu zu orientieren und zu heilen. Sonst wartet das nächste männliche Desaster gleich hinter der nächsten Ecke.

Leichter gesagt als getan, ich weiß. Wie also gehen Sie mit Sehnsuchtsgefühlen um, die doch so mächtig an uns ziehen können? Indem Sie sich intensiv selbst entdecken. Indem Sie sich in sich selbst verlieben. Indem Sie sich selbst Achtung, Aufmerksamkeit und Lob zukommen lassen. Wir sind uns der Macht der eigenen Aufmerksamkeit nur selten bewusst. Tatsächlich lassen sich über die ungeahnte Macht der Aufmerksamkeit erstaunliche innere (und natürlich auch äußere) Wandlungen erzielen.

Beschließen Sie beispielsweise, dass Sie viel selbstbewusster sein möchten. Nicht mehr von Sehnsucht und Liebesbedürftigkeit getrieben, sondern stark und in sich selbst ruhend.

Es gibt dafür eine mentale Hilfestellung, die simpel und wirkungsvoll ist. Suchen Sie in Ihrem Umfeld, im weiteren Bekanntenkreis oder auch in den Medien nach einer Frau, die Sie aufrichtig bewundern und faszinierend finden. Das kann die toughe Kollegin sein oder die Frontfrau einer Band. Eine fähige Ärztin, eine weltbekannte Schauspielerin, eine erfolgreiche japanische Geschäftsfrau oder auch die Nachbarin, die sich um behinderte Kinder kümmert. Suchen Sie sich Ihre »persönliche Ikone«. Sie braucht Ihnen nicht ähnlich zu sehen und auch kein ähnliches Leben zu führen. Wichtig ist, dass es sich um eine starke und autonome Frau handelt und dass Sie für Ihre Ikone Bewunderung verspüren. Dass Sie Eigenschaften an dieser Frau finden, die Sie sich für sich selbst wünschen würden.

Für mich selbst war das in einer schwierigen Lebensphase die Yogalehrerin Colleen Saidman, die durch ihr Naturell so viel positive Energie, Erfolg, Kraft und Klarheit verkörperte, wie ich es mir für mich selbst damals wünschte. Immer wieder dachte ich an Colleen, bestimmt zwanzigmal am Tag. Wenn ich mich gerade schlecht und ratlos fühlte, fragte ich mich: Wie würde Colleen sich in meiner Situation fühlen, was würde sie denken, wie würde sie handeln? Wie wäre Colleen in meiner Situation? Käme sie damit besser klar? Die fiktive Colleen wurde in diesen Wochen für mich zu einer ergiebigen Ratgeberin und zu einem Coach, ohne dass sie jemals davon erfahren hätte. Durch meine Konzentration auf das Ideal, das ich in ihr sah, kam ich mit meinem eigenen Potenzial in Kontakt. Auf einmal hatte ich ein positives starkes Vorbild, einen roten Faden, eine innere Ausrichtung. Und das hat mir unglaublich gut geholfen, die Krise schnell und ohne Gefühlsabstürze zu meistern.

Wenn Sie mögen, probieren Sie einmal aus, ob das für Sie ebenso gut funktioniert. Nachdem Sie Ihre persönliche Ikone ausgewählt haben, denken Sie mehrmals täglich intensiv an sie. Falls sie auch im Internet präsent ist, schauen Sie Bilder oder YouTube-Beiträge über sie an. Denken Sie täglich darüber nach, wie diese Persönlichkeit auf Sie wirkt, welche Eigenschaften und Stärken Sie in ihr sehen. Was würde Ihre Ikone an Ihrer Stelle jetzt tun? Wie würde Ihre Ikone sich in Ihrer Situation fühlen? Was würde sie denken? Wie würde sie mit Ihrer Situation umgehen? Was würde sie tun?

Allein schon dadurch, dass Sie ein positives Vorbild haben, vermeiden Sie Stimmungsabrutscher, Selbstmitleid und Hoffnungslosigkeit.

Doch die Transformation geht noch weiter!

Orientieren Sie sich, solange es Ihnen guttut, psychisch an Ihrer Ikone. Tauchen Sie in Ihr Vorbild hinein und verschmelzen Sie damit. Lehnen Sie sich zurück und stellen Sie sich vor, diese Ikone zu *sein*.

Wie fühlt sich das an? Wie fühlt sie sich, was strebt sie an, welche Stärken hat sie?

Schlüpfen Sie mental in die fremde Haut. Auf diese Weise erschaffen Sie so etwas wie eine energetische Kopie, die Ihnen sehr konkret hilft, die erwünschten Stärken und Eigenschaften in sich zu erwecken. Natürlich werden Sie nicht zu einer erfolgreichen japanischen Unternehmerin, zu einer Topmusikerin oder zu einer bekannten amerikanischen Yogalehrerin, wenn Sie das tun. Aber die Anregung, die Sie Ihrem Unterbewusstsein dadurch geben, ist nicht zu unterschätzen. Vielleicht beschließen Sie zusätzlich, ein Unternehmen zu gründen, ein Instrument zu erlernen oder Yoga zu praktizieren. Vor allem aber werden Sie in sich die Eigenschaften erahnen, erspüren und realisieren, die Ihre Vorbildfrau verkörpert. Bei der erfolgreichen Geschäftsfrau sind das möglicherweise Ehrgeiz, Fleiß und Lust auf Erfolg. Bei der Yogalehrerin als Vorbild fühlt man vielleicht eher eine bewusst positive innere Ausrichtung und starke Selbstachtung gepaart mit Disziplin.

Was es auch immer sein mag, es geht um das, was Ihnen zu imponieren vermag und wovon Sie glauben, dass es Ihnen bislang fehlte. Geben Sie Ihrem Unterbewusstsein und Ihrer Gefühlswelt also ein energetisches Vorbild und erschaffen Sie innerlich eine energetische Kopie.

Die Intensität der positiven Auswirkungen dieser mentalen Vorstellung kann verblüffend schnell und intensiv wirksam werden.

Ein Liebeskummer-Gegengift

Liebeskummergeplagte befinden sich oft in einer Gefühlsspirale: Sie ziehen alle Register, um den Geliebten zurückzugewinnen. Das Beziehungsende animiert unter anderem den Botenstoff Dopamin zu Höchstleistungen, weil die Belohnung ausbleibt. Je mehr sich der Partner abkehrt, desto intensiver wird die Leidenschaft. Der Ex-Partner wird zum Mittelpunkt allen Denkens und Handelns, die Sehnsucht potenziert sich noch. Erst nach längerer Zeit geben die Verlassenen schließlich verzweifelt auf.

Eine Teilnehmerin am Seminar *Trennungsschmerz in Stärke transformieren* berichtete, dass sie einen großartigen Trick entdeckt habe, um die Sehnsuchtsphase abzukürzen. Christina ist eine achtunddreißigjährige blonde Schönheit und hat schon fast eine gewisse »Trennungsroutine« entwickelt. Jedenfalls beschreibt sie ihre Strategie zur Umkonditionierung der Gefühle, mit der sie die Trennungsschmerzen lindert. Vielleicht passt diese Strategie nicht für jeden, aber falls Sie mit Ihren sehnsüchtigen Erinnerungen auch immer noch allzu sehr an Ihrem Ex kleben sollten, probieren Sie es doch einfach aus. Es kann durchaus helfen, sich schneller zu »entlieben«.

Man lässt laut Christina dabei die Sehnsucht nach dem Ex-Partner verblassen, indem man diese Sehnsucht auf jemand anderen projiziert und dadurch sozusagen umlenkt. Und zwar auf einen imaginären Traumpartner, den wir uns am besten in den Medien aussuchen, statt eine reale Person der Umgebung zu wählen. Wir kreieren also eine Art emotionales »Gegengift«, indem wir die Gedanken umleiten auf ein fernes, unerreichbares Idol. Ähnlich wie im Teenageralter, als wir in irgendeinen Star verknallt waren.

Die Projektion dient dazu, die Emotion nach einer Weile aufzulösen, denn schließlich sind Sie kein Teenager mehr und können so ein imaginäres Idol nach einer Weile ersatzlos streichen, ganz ohne Liebeskummer. Suchen Sie sich für eine solche Projektion ruhig einen Superstar aus, den Sie faszinierend finden. Phantasieren Sie über diesen Traumpartner, ob es sich um einen Hollywoodstar oder einen Musiker oder wen auch immer handelt. Sobald sehnsüchtige Erinnerungen an den Ex auftauchen, aktivieren Sie das »Gegengift«: die Vision jenes Traummanns.

Eifersucht in Selbst-Bewusstheit transformieren

Eifersucht ist ein außerordentlich quälendes Gefühl. Meistens veranlasst es die Betroffene, ein gewaltiges Drama zu veranstalten. Es beginnt mit inquisitorischen Verhören (»Ich hab genau gesehen, dass du sie angestarrt hast. Willst du was von ihr? Bin ich dir nicht mehr gut genug?« etc.). Später folgen tränenreiche oder wütende Beschuldigungen.

Nach einer Trennung äußert Eifersucht sich darin, dass frau sich den Kopf zermartert, ob er schon eine Neue hat oder wie die Neue ist, ob er sie liebt, ob sie besser aussieht und so weiter. »Eifersucht ist eine Leidenschaft, die mit Eifer sucht, was Leiden schafft«, lautet ein alter Spruch. So normal ein wenig Eifersucht in einer Partnerschaft auch sein mag, so selbstdestruktiv ist sie, wenn sie während oder gar nach einer Beziehung überhandnimmt.

Die Eifersucht als Relikt einer unbewussten Urangst kann Beziehungen zermürben und zerstören. Zumindest geht sie dem Partner massiv auf die Nerven, zerstört seinen Respekt und die glücklich-liebevolle Atmosphäre einer Beziehung. Der oder die Eifersüchtige leidet im Grunde dabei am meisten, auch wenn er oder sie den Terror selbst auslöst.

Eifersüchtige sind auf eine ganz subtile Weise verzweifelt und verängstigt. Daher versuchen sie, unbedingt die Macht über den anderen und seine Gefühle zu erlangen, damit sie sich seiner sicher sein können. Dieser Sicherheit gilt ihre ganze, tiefe Sehnsucht.

Leider ist dauerhafte Sicherheit utopisch. Sichere, krisenfeste und dauerhafte Liebe ist höchstens von den eigenen Eltern zu erwarten.

Die Ursachen übermäßiger *Eifer-Sucht* entsprechen exakt den Ursachen der *Liebes-Sucht.* Als Kind konnten die Betroffenen nicht genug Urvertrauen entwickeln und fühlten sich nicht sicher geliebt. Die Urangst, verlassen zu werden, sitzt tief in den Knochen und gehört zu den quälendsten Gefühlen, die wir überhaupt verspüren können.

Dabei ist dieses Gefühl vor allem deswegen so besonders schlimm, weil es in Wirklichkeit eine Panik-*Erinnerung* ist. Die schreckliche Existenzangst des kleinen Kindes, verlassen und verloren zu sein.

Als Erwachsene befürchten wir vielleicht auch, den geliebten Partner zu verlieren. Das wäre sicherlich sehr traurig, aber es kann die eigene physische und emotionale Existenz nicht mehr bedrohen.

Es gibt einen Weg, die eigene selbstzerstörerische Eifersucht zu heilen und eine tiefe innere Sicherheit zu entwickeln. Diese Sicherheit liegt im eigenen Ich; kein anderer Mensch kann sie uns dauerhaft liefern. Wichtig ist also, die uralte Kindheitspanik aufzulösen und ein tieferes *Selbst-Vertrauen* zu entwickeln.

Eine Therapie kann dabei helfen, aber der beste Therapeut sind Sie selbst.

Tun Sie Folgendes:

- Reißen Sie die Gedanken sofort los aus den Grübeleien wie: »Was wäre, wenn er eine andere Frau gut fände? Sich in diese Frau verlieben würde? Bereits in eine andere Frau verliebt ist? Eine andere Frau besser und schöner findet als mich? Mich betrügt??« Oder was immer an quälendem »Verdacht« auftaucht.

Stattdessen:

- Sprechen Sie sofort ein energisches inneres »Nein!« zu Ihrer Eifersucht.
- Konzentrieren Sie sich mit Ihrer gesamten geistigen Kraft auf *sich selbst*, wann immer Sie das Gefühl der Eifersucht verspüren.
- Ersetzen Sie jeden quälenden Verdacht zuerst einmal durch Konzentration auf Ihre Selbstwahrnehmung. Nehmen Sie sich selbst so intensiv wie möglich wahr. Fühlen Sie Ihren Körper und Ihren Atem.
- Praktizieren Sie täglich (!) die Selbstliebe-Praxis aus Kapitel 11.

Sie werden schon nach kurzer Zeit einen deutlichen Zuwachs an innerer Kraft und Selbstliebe spüren. Falls Sie in einer Partnerschaft sind und ein begründetes Eifersuchtsgefühl verspüren sollten, weil Ihr Partner Ihnen tatsächlich untreu ist, klären Sie die Situation und trennen sich eventuell.

Falls Sie nach einer Trennung solche Eifersuchtsgefühle haben, ist es umso einfacher für Sie, sich sofort mit aller Intensität auf sich selbst, auf Ihre Kraft und auf Ihre Schönheit zu konzentrieren.

Eifersucht bietet Ihnen eine große Chance auf persönliches Wachstum und persönliche Kraft. Nutzen Sie Eifersucht als großartigen Coach zur Heilung von Defiziten und für die Stärkung Ihrer Ich-Kraft!

Transformation durch Wechsel
der Perspektive

Um mit der inneren Transformation nach einer Trennung anzufangen, probieren Sie einmal einen Perspektivenwechsel aus. Je schwerer Ihnen das fällt, desto stärker entlarvt das Ihre »Bedürftigkeit« dem Ex-Partner gegenüber. Betrachten Sie jenes so überaus wichtige männliche Wesen (den Ex) einmal ohne jede Bedürftigkeit, im Gegenteil, freundlich-gutmütig, wie eine große Schwester den kleinen Bruder betrachtet. Nur einfach mal als Übung. Das wäre sicherlich der beste und heilsamste Ansatz nach einer Trennung.

Aber gehen wir Schritt für Schritt vor, eins nach dem anderen.

Zumindest muss das aufgewühlte Gefühlschaos ein wenig zur Ruhe gekommen sein, so dass Neues entstehen kann.

Fühlen Sie sich inzwischen schon so weit, dem Ex-Partner verzeihen und ihn loslassen zu können? An irgendeinem Punkt Ihrer Trennungsgeschichte ist das nämlich eine wichtige Etappe zu Ihrer emotionalen Freiheit. Aber widmen Sie sich dem Thema des Verzeihens erst dann, wenn Sie sich dem gewachsen fühlen.

Sie finden hier ein einfaches Gedankenexperiment, das Sie erstaunen wird.

Bisher sind Sie in die Frustaufarbeitung und Schmerzbewältigung eingestiegen. Außerdem haben Sie sich die Wut vorübergehend als Katalysator erlaubt und eine Rückfall-Prophylaxe aufgebaut. Damit ist schon ein gutes Stück des Weges zurückgelegt, und Sie haben sich gefühlsmäßig bereits etwas gelöst.

Irgendwann sind Sie dann in der Lage, den alten Frust loszulassen und dem Ex-Mann seine Unarten oder Untaten zu verzeihen. Sie können darüber eine erstaunliche Wandlung Ihrer eigenen Gefühle bewirken und ein enormes Erleichterungs- und Befreiungsgefühl genießen.

Falls es Ihnen gelingt, einmal gründlich die Perspektive zu wechseln, sehen Sie die Welt – und den Ex – mit anderen Augen. Allein dadurch können erlösende innere Prozesse stattfinden. Machen Sie doch mal dieses Experiment und beobachten Sie, ob es sich auf die Gefühle auswirkt.

Gehen Sie bitte gedanklich einmal alle für Sie wichtigen Ex-Partner durch. Denken Sie an jeden Einzelnen in dieser Liste und schenken Sie jedem eine Minute der Erinnerung. Stellen Sie sich nun bitte vor, der jeweilige Mann sei nicht Ihr Partner oder Lover gewesen, sondern Ihr kleiner Bruder. Sehen Sie nacheinander in jedem einzelnen Mann das freche, süße und liebenswerte kleine Monsterkerlchen, das er als Kind bestimmt einmal war und das nun herangewachsen ist. Na gut, vielleicht herangewachsen zu einem wilden und eigensinnigen Rabaukenkerl oder im schlimmsten Fall sogar zu einem furchtbar sturen Hornochsen, über den Sie sich ärgern. Na wenn schon! Schauen Sie sich das jeweilige Prachtexemplar aus der Große-Schwester-Perspektive an! Lachen Sie einfach mal kopfschüttelnd, selbst über seine finstersten Marotten und Eigenarten!

Jeder Ihrer Ex-Partner ist auf seine Art wahrscheinlich ein schwieriger Kerl, zugegeben, und hat Sie vielleicht auch mies behandelt und verletzt. Aber als souveräne und freundliche große Schwester sehen Sie ihn in dieser Minute einmal ganz anders – mehr von oben, nachsichtig, überlegen und fast belustigt.

Waren Ihre Ex-Männer so gesehen nicht alles wunderbar eigensinnige Rabaukenkerle? Wäre als kleiner Bruder (oder als Sohn) nicht jeder von ihnen auch ein bisschen witzig, eigenwillig, drollig, liebenswert oder irgendwie knuffig? Sobald man die Männer – vor allem den Partner oder den Ex-Partner – einmal ohne eigene Bedürfnisse und Ansprüche aus der Perspektive der freundlichen großen Schwester betrachtet, sind sie meist tatsächlich auf die eine oder andere Art liebenswert und amüsant.

Schenken Sie bei dieser Betrachtungsweise vor allem Ihrem letzten Ex etwas mehr Zeit. Und? Wie fühlt sich das aus der Perspektive an, seine große Schwester zu sein?

Entschärft das den Groll ein wenig, löst es Frust auf?

Betrachten Sie ihn so nicht eher mit einem belustigten Lächeln, vielleicht auch mit einem Schmunzeln und einem leisen Kopfschütteln?

Erinnern Sie sich noch an die Beschreibung von Paul? Den Salsa tanzenden Physiker Paul, der die Klassefrau Julia erobert hatte, die sich doch eigentlich nach einem treuen, verlässlichen Lebensgefährten sehnt? »Paul …?«, würde Julia bei dieser Übung schmunzeln. »Tja, verrückter Typ. Trinkt ein bisschen zu viel Rotwein, ist total von sich überzeugt und hinter jedem Rock her. Aber Salsa tanzen kann er meisterhaft, und unterhaltsam ist er auch! Wenn ich jemals auf der Suche nach einem Salsa-Partner sein sollte, wäre Paul erste Wahl.«

Natürlich weiß eine selbstbewusste Frau, dass Paul als Lebensgefährte suboptimal wäre, es sei denn, frau wollte ihrerseits ebenfalls einen Harem kultivieren. Dann würde Paul sich bestimmt ausgezeichnet eignen, in einen solchen Harem von Verehrern und unverbindlichen Lovern einsortiert zu werden.

Und was heißt das nun für Sie?

Leiden, Frust oder Groll und Wut – diese belastenden Gefühle, die uns die Lebensfreude vermiesen, haben viel mit dem eigenen Blickwinkel zu tun und vor allem mit den eigenen Bedürfnissen.

Beim kleinen Bruder haben wir normalerweise eben keinerlei Bedürfnisse oder Ansprüche. Beim jüngeren Bruder ist es einem deshalb auch nicht so wichtig, ob er liebevoll ist oder nicht, ob er selbstsüchtig oder idealistisch ist, sexsüchtig oder treu, altruistisch oder schlitzohrig. Man mag den kleinen Bruder so, wie er halt ist. Vielleicht schüttelt man manchmal den Kopf über ihn oder wundert sich, schenkt ihm auch mal einen skeptischen Blick, aber man denkt sich: Na ja, so ist er halt. Mitunter auf dem Holzweg, aber trotzdem liebenswert. Wie die meisten Exemplare der männlichen Spezies.

Gehen Sie – am besten immer dann, wenn Sie die Sehnsucht oder der Ärger auf den Ex packt, versuchsweise noch einmal in die Perspektive der amüsierten, netten großen Schwester.

Vielleicht hilft uns das grundsätzlich, auch in bestehenden Partnerschaften:

Männer auch mal aus der herzlichen Perspektive der großen Schwester wahrzunehmen, statt sie zu betrachten (übertrieben ausgedrückt) wie ein süchtiger Vampir seine Blutkonserve.

Mit einem solchen Perspektivenwechsel können Sie Ihre Souveränität wiederherstellen. Und Ihren Seelenfrieden. Außerdem besitzt diese Einstellung eine gewisse innere »Eleganz« oder Noblesse, die für Ihr Selbstwertgefühl sehr heilsam sein kann.

Praxis zur emotionalen Befreiung: Meditation »Am Fluss«

Wenn Sie Lust haben und sich danach fühlen, machen Sie nun eine Visualisierungpraxis, mit der Sie sich von Emotionen und Ballast befreien und Ihren Seelenfrieden wiederfinden.

Vielleicht gibt es eine Freundin, die Ihnen diese Bildmeditation vorliest? Ansonsten lesen Sie sie langsam, schließen Sie immer wieder die Augen, um sich die Szene wie im Tagtraum vorzustellen.

Setzen oder legen Sie sich entspannt hin. Atmen Sie alle Anspannung aus.

Der Nacken und die Schultern werden weich und locker. Der Bauch hebt und senkt sich mit jedem Atemzug. Sie fühlen sich locker, warm und entspannt.

In Ihrer Traumwelt taucht eine schöne, sonnige Flusslandschaft auf.

Es ist warm, und Sie gehen barfuß über das weiche Gras in Richtung des schimmernden Flusses.

Neben dem Flussufer brennt ein großes Lagerfeuer. Sie stehen an diesem heißen Feuer und hören das Knistern. Sie schauen in die lodernden Flammen.

In Ihrer Vorstellung packen Sie jetzt nacheinander sämtliche belastenden Emotionen, Sorgen, Trauer und Sehnsüchte in kleine Holztruhen. Sie verschließen diese Holzkisten und beschriften sie mit dem jeweiligen Thema. »Meine verletzte Eitelkeit« könnte beispielsweise auf einer Kiste stehen, und »Wut auf diesen Mistkerl« auf einer anderen.

Und jetzt werfen Sie die Holzkisten in das lodernde Feuer, in aller Ruhe, eine nach der anderen.

Lassen Sie sich Zeit. Sehen Sie, wie jede Sorgenkiste verbrennt, mit lodernden Flammen, vielleicht auch einer kleinen Explosion oder dunklem Rauch.

Irgendwann sind alle Problemkisten verbrannt.

Das Feuer verlöscht. Mit einer Schaufel nehmen Sie die Asche auf und werfen sie in den Fluss, den »River of no Return«. Sie schaufeln alle verbliebene Asche, auch die noch glühende, in den strömenden Fluss.

Die Asche versinkt in den funkelnden Wellen, und der Fluss fließt hinweg in die Vergangenheit. Befreiung und Erlösung geschehen in Ihnen, während Sie Ihre befreiende Arbeit tun. Sie schauen in das sonnendurchglitzerte Strömen.

Lassen sich nach getaner Arbeit am Flussufer nieder. Tauchen Sie mit Ihren Füßen in das klare kühle Wasser. Und lassen Sie sie baumeln. Plätschern Sie in den klaren Wellen.

Betrachten Sie, wie die Sonne bis auf die Kiesel am Boden strahlt und dort in goldenen Wellen tanzt.

Sie fühlen sich erleichtert. Sie atmen auf.

Sie atmen die befreiende Klarheit des blauen Himmels.

Sie finden Ihren Frieden.

Still und klar ruhen Sie in Ihrer Bewusstheit.

Wie Buddha an einem Fluss.

7

Bildhaftes Arbeiten mit dem Unterbewusstsein

Wenn Ihnen diese Praxis gefällt und guttut, finden Sie hier noch weitere Bildmeditationen. Die nächste Visualisierung bietet sich nach einer Trennung an, um dieses emotionale Kapitel gut und stark zum Abschluss zu bringen.

Die zweite Bildmeditation stabilisiert Sie und zentriert Sie in Ihrem eigenen Ich.

Praxis – Meditation zum Selbstschutz: »Der Granitwall«

Kurz nach einer Trennung sind Sie meistens vielen emotionalen Turbulenzen ausgesetzt. Manchmal bemüht der Ex-Partner sich aus verschiedensten Gründen erneut um Sie, manchmal möchten aber auch Sie sich zurückflüchten in das Altvertraute, so belastend es auch gewesen sein mag. Wenn Sie aber eine endgültige Grenze und einen kraftvollen Selbstschutz in Ihrem Unterbewusstsein erzeugen möchten, visualisieren Sie einen riesigen Granitwall. Geben Sie Ihre ganze Imaginationskraft hinein.

Dieser Wall ist mindestens dreißig Meter hoch, drei Kilometer lang und zwei Meter dick. Oder noch größer, stärker, hö-

her und unüberwindlicher. Dieser Granitwall ist massiv, glänzend schwarz und undurchdringlich.

Ihre Imaginationskraft erschafft auf der Außenseite – zum Ex-Partner gerichtet – vier Buchstaben aus wuchtigem, schimmerndem Blei: N E I N.

Um sich selbst vor Rückfällen zu schützen, möchte Ihre Imaginationskraft vielleicht auch auf der Ihnen zugewandten Seite ein silbriges, monumentales N E I N schimmern lassen.

Ihr Unterbewusstsein erhält damit ein Programm von Widerstandsfähigkeit gegenüber Rückfällen.

Praxis – Unterbewusstseinstraining: »Fels in der Brandung«

Mit der folgenden Bildmeditation trainieren Sie Ihre persönliche Kraft und Stabilität. Die Auswirkungen werden sich Tag für Tag deutlicher zeigen und es Ihnen ermöglichen, kraftvoll in sich selbst zu ruhen und Ihre Emotionen zu stabilisieren. Dieser kraftvolle Zustand bildet die Basis Ihres Selbstbewusstseins.

Wenn Sie in dieser Form intensiv mit Ihren Seelenkräften arbeiten möchten, dann können Sie sich den folgenden Text auch auf einen MP3-Player oder ein anderes Medium sprechen, das sich abspielen lässt. Sprechen Sie langsam und ruhig, mit Pausen, so dass diese Stabilisierungsmeditation etwa fünfzehn bis zwanzig Minuten dauert. Sitzen Sie dabei entspannt, lauschen Sie den Worten und genießen Sie die herrliche, unerschütterliche Ruhe, die der Tiefe Ihres Seins entströmt.

Meditation »Fels in der Brandung«:

Ich wandere an einer Felsküste entlang. Zu meiner Linken erstreckt sich der tiefblaue, wogende Ozean, der im warmen Sonnenschein funkelt.

Ich klettere über die Felsen der Küste, und der frische Wind weht mir die Haare aus dem Gesicht.

Die Brandung bricht sich tosend an den Klippen, und ich sehe unter mir die schaumige weiße Gischt aufspritzen. Die Luft riecht salzig.

Tief atme ich die erfrischende, klare Seeluft in meinen Brustraum ein.

Ein gewaltiger Felsblock taucht vor mir auf, der weit ins Meer hineinragt. Fest und kraftvoll erhebt er sich über der weiß schäumenden Brandung, die sich an ihm bricht.

Leichtfüßig klettere ich auf diesen massiven Felsen und lasse mich auf seiner Spitze nieder, umgeben vom wogenden Meer.

Der Fels ragt ruhig und unerschütterlich aus dem Wasser empor. Ich blicke hinab und sehe, wie sich die aufspritzenden Wellen unter mir am Felsen brechen.

Ich verschmelze innerlich mit diesem großen, mächtigen Felsen.

Ich bin eins mit der unerschütterlichen Ruhe und Kraft des Felsens.

Während ich auf diesem mächtigen Felsen sitze, nehme ich wahr, wie tief er in die Erde hinabreicht, felsenfest mit ihr verbunden. Ich bin mit den Tiefen der Erde verbunden.

Eins mit diesem Felsen, erhebe ich mich hoch über die Meereswellen.

Ich selbst bin jetzt genauso erhaben, kraftvoll und unerschütterlich.

Wie ein starker Fels in der Brandung werde ich ab jetzt fest

*in der Erde verankert bleiben und gelassen die Wellenbran-
dung des Alltags an mir abprallen lassen.*
*Mit tiefer Ruhe und Gelassenheit lasse ich den Blick über
das sonnenfunkelnde Meer und den weiten blauen Himmels schweifen.*
*Ich genieße mein Dasein und das Bewusstsein meiner in-
neren Ruhe und Kraft.*
*Die strahlende Sonne durchwärmt mich. Der erfrischende
Wind streift kühl über meine Stirn und weht meine Haare
aus dem Gesicht. Der kühle Wind schenkt mir klare Bewusstheit.*
*Von tiefer Ruhe, großer Kraft und unerschütterlichem
Selbstbewusstsein erfüllt, komme ich gedanklich wieder
hier in der Situation an.*

Praxis – Schöne Selbstbilder erschaffen

Nehmen Sie sich eine Viertelstunde Zeit für sich selbst. Machen Sie es sich gemütlich und lassen Sie sich aufatmend
in die friedliche Ruhe der Entspannung sinken.
*Genießen Sie es, Ihren Atem wahrzunehmen. Lassen Sie
den Körper ganz locker, vor allem im Nackenbereich.*
Entspannen Sie Ihre Stirn und Ihre Augenpartie.
*So wie Tagträume auftauchen, erlauben Sie Ihrem Unterbe-
wusstsein, wunderschöne Bilder von sich selbst auftauchen zu lassen.*
*Eindrücke und Bilder, in denen Sie sich glücklich und lie-
benswert finden.*
*Vielleicht wie Sie mit wehenden Haaren im Sonnenschein
einen Feldweg entlangradeln oder -joggen?*

Wie Sie in einer Runde mit Freunden sitzen und lachen?

Wie Sie gesammelt und nachdenklich durch den Wald spazieren?

Wie Sie vertieft Ihrem Hobby nachgehen?

Wie Sie einen Witz erzählen und alle mit Ihnen zusammen lachen?

Wie Sie fröhlich und mit nassen Haaren aus der Meeresbrandung auftauchen?

Wie schön, klar und ruhig Sie in Ihrer Yogameditation aussehen?

Lieben Sie Ihren Anblick! Lieben Sie sich mit Ihren verschiedenen schönen Facetten, die Sie haben! Erfreuen Sie sich an den Selbstbildern, die Sie besonders mögen.

8

Selbstwertgefühl – der Schlüssel zum Lebensglück

Selbstwertprobleme haben ihre Wurzeln bekanntlich meistens in der Kindheit, wo wir zu wenig Bestätigung, Nestwärme, Lob und Akzeptanz für das eigene Wesen erfahren haben. Tiefe Selbstzweifel am eigenen Wert haben sich im Unterbewusstsein festgesetzt. Daraus entsteht der Impuls des psychischen (Über-)Lebens, zu beweisen, dass man doch großartig, respektabel und liebenswert ist. Es ist offensichtlich ein sehr grundlegendes menschliches Bedürfnis, Wertschätzung zu empfangen und wertvoll zu sein. Das häufigste psychische Problem ist übrigens das Gefühl, nicht gut genug zu sein.

Deshalb geht ein niedriges Selbstwertgefühl oft mit Tendenzen zu übermenschlicher Überhöhung einher. Gerade Menschen mit niedrigem Selbstwertgefühl leiden häufig unter überhöhten Größenambitionen. Was die meisten von uns in pubertären Träumen hinter sich lassen, bleibt bei Menschen mit Minderwertigkeitsgefühlen unbewusst bestehen: Sie wären insgeheim am liebsten die allerbrillanteste, absolut intelligenteste, respekteinflößend kompetenteste, atemberaubend talentierteste, berühmteste, reichste, erfolgreichste, attraktivste und erotischste Person des ganzen Planeten.

Da jedoch sehr viele Menschen brillant – intelligent – kompetent – talentiert – berühmt – reich oder schön sind, und zwar oft in einem Ausmaß, dass es die eigene Person naturgemäß übertrifft, erleiden Menschen mit solchen überhöhten Selbstansprüchen ständig sogenannte narzisstische Kränkungen. Solche narzisstischen Kränkungen können zu Aggressionen oder Gehässigkeit gegenüber anderen oder zu Selbstaggressionen führen, bis hin zum Selbsthass. Oder zu Minderwertigkeitskomplexen bis hin zur Depression.

Einer der wichtigen Schritte zu einem gesunden Selbstwertgefühl besteht darin, solche geheimen Selbstüberhöhungswünsche zu entlarven und dann – unter Umständen mit Hilfe eines Therapeuten – loszulassen. In diesem Prozess geht es darum, ein angemessenes Selbstbild zu entwickeln, das realistisch ist. Erst dann steht der Selbstliebe und der Selbstachtung nichts mehr im Wege.

An dieser Stelle möchte ich eine großartige Frau zitieren: Isha Judd. Sie ist Gründerin des internationalen »Isha Education for Peace«-Netzwerks; kürzlich wurde sie vom argentinischen Senat mit dem Ehrentitel »Botschafterin des Friedens« ausgezeichnet, und Mexiko ehrte sie mit dem Titel »Weltbürgerin«. Sie schreibt in Ihrem Buch *Die Intelligenz der Liebe* (2012) über ihre tiefe Inspiration, die sie mit folgenden Worten knapp, aber ausdrucksvoll zusammenfasst:

Ich hörte auf diese Stimme meiner eigenen Intuition … Ich fing an, mehr nach innen zu gehen, mich mehr mit mir selbst zu verbinden. Ich fing an, die Wahrheit zu sagen, anstatt mich ständig zu verbiegen, um anderen zu gefallen. Ich fing an, meine Gefühle zu fühlen, etwas, das ich mein Leben lang vermieden hatte. Ich fing an, mich auf den gegenwärtigen Moment einzulassen und die Gedanken loszulassen, die mich in Dramen führten und in das darauffolgende Bereuen. Ich verlagerte meinen Fokus darauf, mich selbst gut zu finden und so anzunehmen, wie ich war. Diese Entscheidungen kamen alle aus meinem Inneren, und je mehr ich ihnen folgte, desto klarer wurden die folgenden Schritte für mich.

Dem ist nichts hinzuzufügen.

Selbstwertgefühl aufbauen

Was das Selbstwertgefühl betrifft, gilt: »Deinen größten Feind trägst du in dir selbst.« Es ist der negative Selbstkritiker, der ständig überhöhte Forderungen stellt.

Diese Stimme kommt aus Ihrem Geist, daher können Sie ihr nicht entkommen. Die Folge: Wenn Ihr innerer Kritiker streng und aktiv ist, haben Sie ständig das Gefühl, nicht gut genug zu sein. Ihr Selbstwertgefühl und Ihr Selbstvertrauen sinken immer mehr. Sie ertragen (scheinbar wehrlos), wie diese negative Stimme Sie beschämt, einschränkt, verkrampft, hemmt und deprimiert.

Daraus kann man nur eines schlussfolgern: Behandle dich so, wie du gerne von anderen behandelt würdest. Und das heißt: liebevoll, achtsam, respektvoll und nachsichtig.

Die Schlüsselfrage zu Ihrem Selbstwertgefühl lautet also: *Wie denke ich über mich selbst?*

Daraus ergibt sich nämlich zweierlei:

- So, wie ich über mich selbst denke, fühle ich mich.
- So, wie ich über mich selbst denke, denken auch die anderen über mich.

So geht es also als Erstes darum, das zu tun, was Menschen mit geringem Selbstwert so wahnsinnig schwerfällt: Sich selbst so sein zu lassen, wie man ist. Wie Isha Judd es im obigen Zitat so treffend ausdrückt: »Ich verlagerte meinen Fokus darauf, mich selbst gut zu finden und so anzunehmen, wie ich war.«

Wenn Sie die Psychologie zum Thema Selbstwertprobleme interessiert, finden Sie im folgenden Zitat einige Information darüber. Die Psychologin Portreck-Rose resümiert dieses Thema sehr treffend im Heft Psychologie heute 11/06 zum Thema Selbstwert: http://www.portalgesund.de/selbstwert. php

Hier ein gekürzter Auszug daraus:

POTRECK-ROSE: Es gibt eine Instanz, die ich den »inneren Kritiker« nenne. Aus tiefenpsychologischer Perspektive würde man diesen Kritiker dem Über-Ich zuordnen. Diese Instanz vertritt die verinnerlichten Normen, macht uns Vorschriften, wie wir zu sein haben, was wir alles leisten müssten. Der innere Kritiker läuft ständig mit der Messlatte herum – die bei Menschen mit geringem Selbstwert sehr hoch liegt. Gleichwohl ist der innere Kritiker wichtig, weil er auch für den Ansporn sorgt, für unsere Leistungsmotivation. Aber er muss gewissermaßen »auf Diät« gesetzt werden, denn meistens legt er die Messlatte so hoch, dass wir kaum eine Chance haben, die Hürde erfolgreich zu überwinden. In der Regel müssen wir darunter hergehen – und das mindert den Selbstwert.

PH: Dann haben Menschen mit niedriger Selbstachtung häufig zu hohe Ansprüche?

POTRECK-ROSE: Ja, und das zu erkennen, dass die eigenen Ziele oft zu hoch gesteckt sind, geht meist mit einem schmerzlichen Selbsteingeständnis einher – denn es bedeutet, dass ich mir vor Augen führe, dass meine Kräfte oder mein Talent vielleicht nicht ausreichen, um die Spitzenleistungen zu erbringen, die ich mir so sehr gewünscht habe. Es ist schmerz-

lich und auch mutig, sich zu sagen: Okay, ich kann tatsächlich nicht super ordentlich sein, werde wohl nie eine Sportskanone, und im Beruf werde ich womöglich nicht die Startherapeutin, die ich so gerne wäre. Es ist zwar harte Arbeit, aber es kann auch eine große Erleichterung bringen, die eigenen Ziele auf ein realistisches Maß herunterzuschrauben. Weil man dann nicht mehr den eigenen überhöhten Ansprüchen hinterherhecheln muss. Am Selbstwert zu arbeiten heißt, mit geringeren Ansprüchen zu experimentieren, mal weniger Aufgaben auf die »To-do-Liste« zu setzen und zu gucken: Wie fühlt sich das an, wenn ich am Ende eines Arbeitstages nicht nur drei Viertel, sondern fast alles erledigt habe?

PH: Oft liegt das Nichterledigen aber auch daran, dass wir viel Zeit mit Aufschieben und In-die-Luft-Gucken verplempern.

POTRECK-ROSE: Ja, dafür sorgt eine innere Instanz, die ich den »Faulpelz« nenne. Man muss diesem trägen Wesen in uns tatsächlich auf die Finger schauen: Wenn jemand nicht viel von sich hält und gleichzeitig sehr hohe Ansprüche hat, dann wird der innere Faulpelz sehr fordernd. Er flüstert uns dann ständig ein: Ich kann aber nicht! Jetzt nicht, lieber später, lieber morgen oder übermorgen! Dieses innere Phlegma ist ein Gegenspieler des Kritikers. Menschen, die einen ausgeprägten Faulpelzteil in sich haben, bringen tatsächlich oft viel weniger zustande, als sie eigentlich schaffen könnten. Sie sind unordentlich, kommen zu Terminen zu spät oder halten Abgabefristen nicht ein. Das Interessante ist: Der Faulpelz wird immer dann immens groß, wenn der innere Kritiker unerfüllbar hohe Ansprüche stellt. Dann sorgt der Faulpelz für den stillen Boykott.

PH: Wie kann man den inneren Faulpelz im Zaum halten?

POTRECK-ROSE: Indem man ihn rehabilitiert, als Teil

*von sich anerkennt und ihm »garantierte Faulpelzzeiten« zu-
sichert. Denn der gemäßigte Faulpelz ist für unser Wohlbefinden wichtig. Erholung und Muße gehören wie der Schlaf zu
den Grundbedürfnissen des Menschen. Der Faulpelz sorgt dafür, dass wir uns Ausruhzeiten nehmen – zum Regenerieren,
zum Kräftesammeln, um zu neuen Taten zu schreiten. Wer
viel von dem Vorgenommenen erledigt hat, sollte sich unbedingt Pausen gönnen und dann auch richtig faul sein – ganz
ohne schlechtes Gewissen.*

Also lieben Sie demgemäß auch einmal Ihre Unvollkommen-
heiten, augenzwinkernd, nachsichtig, belustigt und warmherzig! Akzeptieren Sie Ihre kleinen Macken und Marotten.

Nathalie, eine dreiundzwanzigjährige Studentin, kam wegen »Anfällen von Minderwertigkeitskomplexen«, wie sie
es nannte, zu mir. Ich bat sie, ihre Marotten nicht abzuwer-
ten, sondern sie einmal freundlich und liebevoll aufzu-
schreiben. Sie kommentierte dann über sich:
*Wie immer bin ich auch zur heutigen Sitzung acht Minuten
zu spät, was mir anderswo die mir altbekannten missbilli-
genden Blicke einbringt und mir immer das »Schwarzes
Schaf«-Gefühl vermittelt.*
*Und mein Zimmer sieht mal wieder aus, als wäre ein Alt-
kleidercontainer darin ausgeleert worden. Ich staune selbst,
dass ich trotzdem immer meine Lieblingsbluse oder sogar
beide flauschigen Socken in dem Getümmel wiederfinde,
wenn ich sie brauche. Aber es ist chaotisch und ungemütlich,
natürlich sind die Lieblingsklamotten auch immer total zer-
knautscht. Das nervt. Mein innerer Schweinehund hält
mich ansonsten dauernd davon ab, Sport zu machen, daher
ist mein Kreislauf im Keller und ich friere, wenn ich am*

*Schreibtisch arbeite. Meine Liebe zu Nougatschokolade
verleiht mir verhasste kleine Pölsterchen auf den Hüften,
aber natürlich auch viel Lebensqualität.*
*Cool ist, dass ich meine Masterarbeit soeben trotz aller Trö-
delei bravourös absolviert habe.*
*Meine Freunde lieben mich, wie ich bin. Eigentlich liebe ich
mich mit meinem Chaotentum auch, zumindest finde ich
mich originell. Wenn ich strukturierter und perfekter wäre,
fände ich mich eher langweilig und streberhaft. Ein schwarzes Schaf ist ja viel facettenreicher, auch wenn ein schwarzes
Schaf meist eine nörgelnde Mutter hat.*
*Manchmal nervt mich mein Chaos unsagbar. Aber ich bin
kreativ, meistens gut gelaunt und ich feiere gern. Es macht
mir insgesamt schon unglaublichen Spaß, ich zu sein. Oft
grinse ich auch über mich. Und ab und zu doch mal den
inneren Schweinehund zu überwinden, macht mich schon
stolz.*

»Wärest du noch Nathalie, wenn du anders und perfekt
wärest?«, fragte ich sie. Nathalie begriff in dieser ersten Sitzung sofort, dass es bei ihren Minderwertigkeitsanfällen
keineswegs darum geht, anders, disziplinierter, dünner
oder besser zu sein. Sondern darum, sich endlich mal so zu
akzeptieren und zu lieben, wie sie ist: manchmal amüsiert,
manchmal kopfschüttelnd und lachend, manchmal auch
stolz. Auf jeden Fall **freundlich und gutartig zu sich
selbst**, voller Verständnis.
Sie mailte mir später, dass sie sich nach dieser Bestandsauf-
nahme und freundlichen Selbstbetrachtung so richtig wohl
in ihrer Haut fühle, glücklich sei und finde, dass es eigentlich nie einen echten Grund gegeben habe, an sich zu zweifeln.

Es geht sehr oft einfach nur darum, die Verhaltensweisen *anzuerkennen*, die man an sich kritisierenswert fand. Beispielsweise, so unordentlich zu sein, wie man eben ist, vielleicht auch so unpünktlich oder so nachlässig oder bequem.

Dieses Anerkennen ist aber gar nicht so einfach, denn oft schämen wir uns und denken, deshalb mag oder respektiert uns niemand so richtig.

Aber die Umgebung reagiert darauf, wie wir uns selbst finden.

Kennen Sie nicht auch erfolgreiche Medienstars, bei denen man sich angestrengt fragt, was diejenigen eigentlich für ein Talent besitzen? Und findet: »Gar keins. Könnte ich auch.« Tatsächlich besitzen manche Showstars, die mitunter außerordentlich talentfrei sind, doch immer eine ganz besondere Gabe: *Sie finden sich selbst klasse!* Das ist der ganze Trick. Doch für Menschen mit Selbstwertproblemen verlangt die Entwicklung einer solchen Einstellung eine intensive innere Umerziehung. Eine regelrechte Gehirnwäsche! Und die muss kontinuierlich erfolgen, Tag für Tag. Ständig muss man entlarven, wann das Über-Ich zu streng und zu kritisch ist und man sich insgeheim mal wieder schämt wegen all der fehlenden »Tugenden«.

Das strenge Ich-Ideal –»Ich müsste fleißiger sein, gründlicher, perfekter sein, besser kochen können, erfolgreicher, eine bessere Mutter sein, attraktiver, mehr Sport machen, zehn Kilo abnehmen, intelligenter und überhaupt viel gebildeter!« – wird erst einmal gecancelt.

Nein, all das müssen Sie *nicht*. Lieben Sie sich, freuen Sie sich über Ihr Dasein, über Ihr Wesen, entfalten Sie Ihren Humor und ganz, ganz viel Selbstironie, was Ihre Schwächen betrifft!

Damit punkten Sie ohne Ende und haben die Lacher und

die Sympathien auf Ihrer Seite. Wenn Sie zu Ihrem Partner sagen: »Liebling, ich muss diese Tafel Schokolade jetzt einfach noch verputzen, auch wenn ich morgen nicht mehr durch die Tür passe. Zum Glück bist du handwerklich so geschickt, sie auf die doppelte Breite zu erweitern, oder?«, wird er einfach nur wohlwollend grinsen. Oder im Büro: »Ich wollte euch heute Morgen nicht durch abrupte und unerwartete Pünktlichkeit verschrecken. Zum Ausgleich gehe ich heut Nachmittag dann fünf Minuten früher.« Zu Ihrer besten Freundin: »Bügeln ist überbewertet, findest du nicht? Das neue Gaultier-Design lebt auch von Vintage und Lässigkeit, ich kann dir gern beibringen, wie man seine Jeans in diesen lässigen Look bringt.«

Ein Schmunzeln Ihrer lieben Mitmenschen ist Ihnen sicher. Sie ernten Sympathie und Wertschätzung, weil so ein Verhalten einfach liebenswert ist. Denn nichts mögen Menschen mehr als Humor und gute Laune. Nichts bringt Ihnen mehr Sympathie ein, als sich selbst nicht allzu ernst zu nehmen, sich selbst mal durch den Kakao zu ziehen und andere damit zum Lachen zu bringen! Gerade für uns Deutsche gilt ohnehin: mehr Mut zur Unvollkommenheit! Seien Sie freundlich achtsam sich selbst gegenüber, und erkennen Sie liebevoll an, wie Sie sind. Lassen Sie sich so sein, wie Sie sind.

Tatsächlich können von dieser Ebene aus sogar am ehesten Optimierungen stattfinden, wenn Sie das möchten. Warum? Weil Selbstliebe viel mehr Energie zur Verfügung stellt als eine verschämte, verkrampfte Selbstkritik!

Lebenszufriedenheit durch
ein gesundes Selbstbild

Ein positives Selbstwertgefühl gehört wirklich zum Wertvollsten, das Sie jemals besitzen können. Und niemand auf der Welt kann uns das Gefühl vermitteln, minderwertig zu sein, wenn das nicht unserem eigenen Selbstbild entspricht.

Sie sind genau dann liebenswert, wenn Sie sich dafür halten! Ihr Selbstwertgefühl hat wenig mit Fakten wie dem Kontostand, der Schulbildung, dem Aussehen, dem beruflichen Erfolg oder der Kleidergröße zu tun. Entscheidend ist einfach Ihre Überzeugung, dass Sie ein angenehmer und liebenswerter Mensch sind. Nur Ihr Selbstbild und Ihre Selbstakzeptanz entscheiden über Ihr Selbst-Wert-Gefühl.

Wenn wir unser Selbstwertgefühl stärken wollen, sind selbstabwertende Gedanken für immer tabu. Stattdessen lernen wir, uns selbst ein gütiger Freund statt ein kritischer Feind zu sein. Manchmal haben wir es nötig, uns selbst gut zuzureden, uns selbst zu ermutigen, zu loben oder Verständnis für unsere Schwächen aufzubringen.

Doch leider kultivieren wir oft Ideale und Ziele, die uns durch ihre Unerreichbarkeit zermürben und einschränken.

Antonia ist das beste Beispiel für die Transformation eines unpassenden Ideals, das sehr unglücklich machen kann. Antonia ist vierzig, Physikdozentin an der TH, dunkelhaarig und vollschlank, immer in dunkle weite Kleider gehüllt. Sie berichtete, dass sie zu ihrem großen Kummer seit ihrer Kindheit mollig gewesen und es auch immer geblieben sei, trotz ihrer jahrzehntelangen verbissenen Diäten. Unbeirrbar projizierte sie ihr Lebensglück und ihren Selbstwert seit der Pubertät auf magere Models mit dünner Silhouette und hervorstehenden Beckenknochen: »Wenn ich solch eine Figur hätte, wäre ich liebenswert und schön. Und glücklich.« Dementsprechend fühlte Antonia sich chronisch unzufrieden mit ihrem Aussehen, missmutig und psychisch gestresst. Sie erzählte, wie sie sich regelmäßig »mit masochistischer Besessenheit und traurigen Hundeaugen« sämtliche französischen Modenschauen und Modelcastings anschaute, die bekanntlich allesamt dem Magerwahn frönen.

Auf ihrem Kühlschrank klebten ständig neue Modelfotos aus Dessousprospekten, um sie zur Kalorienrestriktion zu ermahnen. Immer wieder raffte sie sich zu sportlichen Exzessen auf, beispielsweise zu eineinhalbstündigen Joggingmarathons, die sie an den Rand des Herzinfarkts brachten und sie am nächsten Tag die Treppen mit üblem Muskelkater hinunterhumpeln ließen. Alternativ stürzte sie sich auch gern in die nach eigenen Angaben dreitausendste Diät, die einen Gewichtsverlust von vier Kilo pro Woche versprach. Nach einer Woche übellauniger asketischer Disziplin erlag sie regelmäßig der üblichen »Fressattacke«, wie sie es nannte. Gewichtsverlust nach diesen Aktionen: gleich null. Letztlich lief es seit Jahrzehnten darauf hinaus, dass sie ihre Körperfülle konstant behielt und dennoch unbeirrbar nach Gewichtsabnahme strebte, als ihrem zentralen Lebensziel. Als Ziellinie ihres Lebensglücks. Auch ihr Lebensgefährte vermochte sie nicht davon abzubringen, obwohl er ihr unermüdlich versicherte, dass er sie genau so liebte, wie sie sei. Doch sie blieb unzufrieden, weil sie *selbst* sich eben nicht so liebte, wie sie war. Zu allem Überfluss traktierte sie ihren geduldigen Partner mit Eifersuchtsszenen, sobald ihnen eine schlanke Frau über den Weg lief. Mehrere Partner hatte sie damit bereits in die Flucht geschlagen, und auch die jetzige Beziehung kriselte aufgrund ihres ständigen Missmuts, ihrer Gereiztheit und ihres gestörten Essverhaltens. In ihrer Kindheit fanden wir mehrere markante Mobbingsituationen in Grundschulzeiten aufgrund ihrer Molligkeit. Kindliche Bemerkungen im Schwimmbad wie »Fett schwimmt oben!«, die sie mehrmals zu hören bekam, machten sie als Kind todunglücklich. Das schienen wichtige Auslöser für ihre Selbstabneigung zu sein. Es war klar, dass Antonia erst dann ein gesundes Selbstwertgefühl und Lebenszufriedenheit entwickeln würde, wenn sie sich vom Schönheitsideal des Dünnseins verabschieden konnte. Die weiteren Sitzungen bestanden also nun darin, gemeinsam nach großartigen Frauen Ausschau zu halten, die eher der XL-Size zugehörten. Wir stöberten dazu ausgiebig im Internet.

Besonders schön und faszinierend fand Antonia schließlich Oprah Winfrey. Sie war sehr beeindruckt von deren Charisma und von ihrer Lebensfreude. In dieser Frau fand Antonia die üppige Schönheit verkörpert, die vor Stärke und Selbstbewusstsein nur so strahlt. Hinzu kamen der jahrzehntelange Medienerfolg und die generelle Beliebtheit von Ms Winfrey. Und das, obwohl in den USA die dunkle Hautfarbe und die fülligen Körperproportionen nach wie vor gleich zwei Handycaps in den Medien darstellten!

Als wir Oprah Winfreys Lebensgeschichte recherchierten, fanden wir außerdem heraus, dass sie eine äußerst problematische Kindheit durchlebt hatte, die ihr keineswegs ein gutes Startkapital in Form von starkem Selbstbewusstsein oder entspanntem Wohlstand mitgegeben hatte. Ganz im Gegenteil. Dennoch war es ihr gelungen, Optimismus und Lebensfreude zu erzeugen und dermaßen viel Erfolg und

Selbstbewusstsein auszustrahlen, dass ein hübsches Magermodel daneben geradezu langweilig wirken würde. Dank ihres jahrelangen Medienerfolgs verfügt Oprah Winfrey zudem über ein Millionenvermögen, das sie zu einem guten Teil in soziales Engagement fließen lässt. Das überzeugte Antonia restlos. Diese Herzensqualität beeindruckte sie nicht nur sehr, sondern beschämte sie auch ein wenig. »Statt ständig um mein absurdes egoistisches Schönheitsideal zu kreisen, werde ich mich jetzt mal auf meine charakterlichen Qualitäten konzentrieren und dafür sorgen, dass sich die Menschen in meiner Umgebung endlich wohl fühlen!«

Nach dieser bahnbrechenden Sitzung hörte ich drei Wochen lang nichts mehr von Antonia. Dann erhielt ich überraschend einen bunten, duftenden Rosenstrauß. Absender: Antonias Lebensgefährte! Kartentext: »Antonia war meine Traumfrau im Dornröschenschlaf. Jetzt ist sie aufgewacht. Sie ist so wundervoll, wie sie lebt, liebt und lacht! Ich danke Ihnen.«

Kurz darauf hatte Antonia noch einen Abschlusstermin vereinbart. Ich öffnete ihr die Tür und konnte es kaum fassen. An diesem Anblick würde ich Sie gern teilhaben lassen. Bisher war Antonia immer in lange wallende Designergewänder in Schwarz- und Grautönen gekleidet gewesen, dazu schwarze Schuhe, die langen Haare streng im Nacken zusammengebunden, ungeschminkt und meist ohne Schmuck. Es fehlte nur noch eine Tarnkappe, die sie gänzlich unsichtbar gemacht hätte.

Nun stand eine elegante Sommerschönheit vor mir. Sie trug eine knielange Tunika aus fließender dunkelroter Seide mit passender Seidenhose darunter, dazu hatte sie einen langen hellroten Seidenschal um den Hals geschlungen. An ihren gebräunten Füßen flache bunte Ethnosandaletten. Die braunen langen Haare flossen in einem dicken Zopf seitlich hinab. Ihre dunklen Augen hatte sie schwarz umrahmt, und schlichte, mattgolden schimmernde Designerohrringe setzten dazu einen schönen Akzent. Die roten Farbtöne ließen ihre gebräunte Haut aufleuchten. Wunderschön sah sie aus, und sie strahlte vergnügt. »Oprah Winfrey wäre begeistert!«, begrüßte ich sie, und wir lachten.

Wir setzten uns noch einmal zusammen und resümierten. Seitdem wir diese starke Frau als Ideal gefunden, analysiert und als neues Vorbild auserkoren hatten, fühlte sich Antonia wie ausgewechselt. »Meine Mutter war ja auch dick und dabei fröhlich und sehr herzlich, immer bei allen Menschen beliebt. Wieso habe ich sie nie als Ideal sehen können?«, fragte sie sich im Nachhinein. Und: »Wie konnte ich mir dieses unpassende Magerideal jahrzehntelang antun?«

Statt sich wie bisher in schwarzgraue Tarngewänder zu hüllen, hatte sie nach der vorigen Sitzung beschlossen, zu ihrem Körper zu stehen und ihn so zu verschönern, wie er nun mal ist. Sie erzählte, dass sie gerade einen neuen Stil entwickle und sich genau so kleide, wie sie es als dünnes Magerwesen immer gern getan hätte: Edle Materialien in schönen Farben, die sie schon immer mochte, manchmal Rottöne, mal strahlendes Weiß, oder Beige oder dunkles Meergrün, sparsam kombiniert mit schlichtem, handgearbeitetem Designerschmuck. Mit ihrem langen braunen Haar probiere sie neue Frisuren aus, und manchmal wickle sie sich ein buntes Tuch um die Haare.

Auf mich wirkt sie nun eher wie eine Kreative, auf jeden Fall voller Power, total sympathisch und ausdrucksstark. Auf einmal lacht sie viel und verkörpert einfach gute Laune, als würde die ganze in Missmut eingebundene Energie jetzt endlich frei. Sie bekomme von allen Seiten Komplimente, erwähnte sie, und gestern habe ein Student gefragt, ob sie verliebt sei, sie sei so gut drauf und wirke verjüngt. Sie strahlt. »Für meinen mutigen Paradigmenwechsel habe ich mir eine Belohnung spendiert. Ich habe mir eine hochwertige Kamera zugelegt. Damit bin ich jetzt in meiner Freizeit dauernd unterwegs und fotografiere im Freundeskreis jeden, der nicht bei drei auf den Bäumen ist!« Ob ich ihr auch für Fotos zur Verfügung stehen würde.

Meine Bemerkung, sie wirke geradezu entfesselt mit all ihrer positiven Energie, kommentierte sie strahlend mit dem Statement: »Ich hab doch so viel nachzuholen!«

Ich freute mich sehr für sie und für ihren Partner. Ich verabschiedete mich schließlich von ihr mit dem Satz: »Den Dankeschönblumenstrauß müssten wir eigentlich an Ms Winfrey weiterleiten, für deren ›opulenten‹ Beitrag zur Entschärfung des Magerwahns!«

Antonias Beispiel zeigt, wie hilfreich die Definition eines neuen und gesunden, passenden Ideals sein kann. Solch ein passendes Selbstbild kann von überhöhten Selbstansprüchen erlösen und den eigenen Selbstwert ganz neu, realistisch und positiv definieren. Selbstakzeptanz und Selbstachtung können grundsätzlich immer nur auf einem realistischen Level entstehen, nicht auf fiktiven Projektionen. (»Wenn ich zwanzig Kilo abnehmen würde, dann wäre ich schön, liebenswert und selbstbewusst. Und glücklich.«)

Um Lebenszufriedenheit zu finden, muss eine von Selbstzweifeln zermürbte Person erkennen, dass sie überhaupt nicht die Klügste, Schönste, Dünnste, Erfolgreichste oder Beste sein muss, um liebenswert, respektabel und glücklich zu sein!

Es wird ihr stattdessen unvorstellbar guttun, sich aus den

ängstlichen und konkurrierenden Vergleichen abzukoppeln und sich voller Liebe und Akzeptanz auf sich selbst zu beziehen. Ihre persönlichen Eigenschaften und Potenziale zu fördern, ohne sich zu überfordern. Sich mit Energie und Selbstbewusstsein anderen Menschen zuzuwenden und ihnen eine angenehme Gesellschaft zu sein.

Tatsächlich ist es Verrat an der eigenen kostbaren Persönlichkeit, sich ständig *mies und klein* zu denken, sich zu überfordern, sich zu kritisieren und an sich herumzunörgeln. Es ist unbeschreiblich erlösend und befreiend, sich selbst schön zu finden und sich selbst so zu mögen, wie man ist.

Ist Ihnen übrigens schon mal aufgefallen, dass glückliche Beziehungen sehr oft den gemeinsamen Nenner haben, dass die *Frau* eine selbstbewusste und glückliche Ausstrahlung besitzt? Männer erliegen vielleicht kurzfristig der vordergründigen Schönheit. Aber eine Beauty, die ständig an sich herumkritisiert, dabei hungrig, konkurrenzorientiert und unausgeglichen ist, wird eher betrogen und verlassen als eine weniger attraktive Frau, die selbstbewusst und fröhlich ist. Die letztgenannten Eigenschaften wirken nämlich magisch und magnetisierend auf Männer. Es scheint, als würde die männliche Seele darin eine Art von Autorität erkennen, die sie anzieht und fesselt. Die den männlichen Respekt erzeugt, was für den Mann auch bedeutet, dass man so eine großartige Frau nicht gehen lässt und sie respektvoll und fair behandelt.

Doch nicht nur das Partnerschaftspotenzial basiert maßgeblich auf diesen weiblichen Eigenschaften Selbstbewusstsein und Lebensfreude. Mehr noch, diese Fähigkeiten ermöglichen es erst, ein starkes, selbstbestimmtes und glückliches Leben zu führen.

Einfach ausgedrückt: Ein gutes Selbstwertgefühl ist der

Schlüssel zum Lebensglück. Erfolg, Schönheit oder Wohlstand rangieren viel weiter hinten auf der tatsächlichen Glücksskala.

Zwei Faktoren gehören zu einem gesunden Selbstwertgefühl, und beide haben erstaunlich wenig mit den Eigenschaften, dem äußeren Erfolg oder dem Aussehen einer Person zu tun. Diese Faktoren sind:

1. Selbstliebe
2. soziale Kompetenz und soziale Eingebundenheit

Um eine realistische und gesunde Selbstliebe aufzubauen, kann es einer Therapie bedürfen, je nachdem, wie hartnäckig die Selbstzweifel oder die verborgenen Größenambitionen sind. Doch oft genügt es, die Grundlagen des Selbstbewusstseins zu erkennen, um sie auch zu erschließen. Die folgende Selbstliebe-Praxis, das Selbst-Coaching und die Zentrierungsübung liefern dazu die Grundlagen.

Das große Missverständnis, dem die meisten Menschen mit Minderwertigkeitsgefühlen erliegen, ist der Irrtum, wohlhabender, schöner, kompetenter oder erfolgreicher als die anderen sein zu müssen, damit sie endlich die ersehnte Akzeptanz bekommen.

Dahinter steckt ein Verlangen, ein Sehnen, ein Habenwollen. Aber gerade dieses Habenwollen scheint den betreffenden Menschen wie ein subtiles Vakuum zu umgeben, das sehr uncharismatisch ist und bei den Mitmenschen eher Distanz oder Desinteresse erzeugt.

Gelingt es, aus diesem Streben und Habenwollen in die Position überzuwechseln, *anderen angenehm zu sein und Wohlbefinden zu verbreiten*, nicht als Strategie, sondern einfach aus unkomplizierter Geselligkeit heraus – dann ist man auto matisch integriert und beliebt. Was wiederum das eigene Selbstwertgefühl bestätigt.

Vorsicht – Schönheitsfalle!

Abschließend nochmals ein paar Worte zum Thema Schönheit, das viele von uns Frauen so sehr unterjocht und manipuliert. Denn die Falle, in die wir Frauen besonders häufig tappen, ist nun mal die Schönheitsfalle. Schönheit ist natürlich weiß Gott kein Hindernis! Pflegen Sie Ihr Aussehen, finden Sie Ihren individuellen Style und variieren Sie ihn je nach Stimmung und Situation. Duften Sie, seien Sie hübsch, gestylt und gepflegt. Damit drücken Sie Ihr Selbstwertgefühl aus.

Aber lassen Sie sich vom Schönheitshype der Medien bitte nicht verrückt machen. Die gezeigte Schönheit ist sowieso meistens manipuliert. Sie wird von größtenteils minderjährigen, schmächtigen oder magersüchtigen Mädchen geliefert. Falls Sie dem Diktat der Beauty-Industrie bereits in größerem Ausmaß erlegen sind, legen Sie dieses enge Schönheitskorsett lieber wieder ab! Es drosselt Ihre Lebendigkeit und Authentizität.

Wie oft sieht man junge Mädchen, die mager sind wie Laufstegmodels (und oft magersüchtig) und die trotzdem weder zufrieden noch glücklich wirken. Oder eigentlich naturschöne junge Frauen, die dermaßen grell durchgestylt und geschminkt sind, dass sie wie erstarrt wirken, während sie mit gefrorenen Mienen tapfer auf unbequemen Highheels durch die Stadt staksen.

Solche Frauen leben in einem Käfig, ohne es zu bemerken. Sie sind längst der Medienhypnose erlegen und geradezu panisch auf Schönheit und Schlankheit fixiert. Verkrampft und niemals mit sich zufrieden. Erstarrt. Immer in angstbesetzter Konkurrenz mit jeder anderen hübsch aussehenden Frau. Immer nach noch mehr Schönheit strebend. Shoppend, sich stylend, sich optimierend. Nie am Ziel. Nie zufrieden. Niemals schön genug.

Immer auf der suchtartigen Suche nach einem noch schickeren, noch eleganteren oder noch mehr stylish-sexy knappen Outfit. Nach noch mehr und noch Besserem strebend, verpassen sie Tag für Tag ihr kostbares eigenes Leben. Sie versäumen die Gegenwart und versäumen es ebenso, endlich einmal lockerzulassen, sich selbst zu lieben, zu lachen, zu genießen: entspannt, heiter, zufrieden und glücklich.

Meiden Sie diese Schönheitssucht-Falle! Seien Sie wachsam! Schönheit: ja. Man muss die Stadt nicht unbedingt in Birkenstockschlappen durchqueren (außer es ist gerade der Mega-Trend). Aber panische Styling-Sucht: nein. Sie verspricht uns ständig Lebensglück, hält ihr Versprechen aber nicht. Die meisten von uns wissen das durchaus, aber die Werbung fängt uns doch immer wieder neu ein und suggeriert, dass wir ein bestimmtes Make-up oder bestimmte Labels brauchen – und noch extravagantere Louboutins –, um liebenswert und respektiert zu sein. Ist Ihnen übrigens schon einmal aufgefallen, dass in der Werbung für Mascara ausschließlich Models mit künstlichen Wimpern (und was für welchen!) präsentiert werden? Für wie dumm will man uns Frauen eigentlich noch verkaufen?

Etliche Männer sind inzwischen leider von diesem Schönheitshype infiziert, schließlich bekommen sie an jeder Ecke eine optische Überdosis Topmodels und minderjährige, ausgehungerte Dessousmodels präsentiert. Falls Sie auch einen solchen Partner haben sollten, neben dem Sie sich immer irgendwie zu dick, zu hässlich, zu unsexy, zu unstylish, zu alt oder generell als Frau unsicher fühlen – ergreifen Sie schnellstens die Flucht! Empfehlen Sie diesem Mann, Topmodelfotograf zu werden, und bringen Sie sich in Sicherheit, bevor solch ein Typ Ihr Selbstwertgefühl vergiftet!

Ein letzter Rat für alle unbeirrbaren Schönheits-Junkies unter uns: Vorsicht! Männer, die auf Sie als hübsches dekoratives Weibchen stehen, tauschen Sie auch schnell mal gegen ein anderes hübsches dekoratives Weibchen aus. Verkaufen Sie sich nicht unter Wert! *Sie* sind weit mehr als nur dekorativ und austauschbar! Ciao, Model-Scouts, sucht euch Jobs in der Modebranche!

9

Die wichtigste Medizin: Selbstliebe

Dieses Kapitel ist wahrscheinlich das wichtigste für Ihre Stärkung und Heilung. Die Praxis der Selbstliebe ist sehr effizient, obwohl sie einfach ist. Aber diese Selbstliebe-Praxis erreicht Ihr Bewusstsein, Ihr Unterbewusstsein und Ihren Körper augenblicklich. Die meisten von uns sind durch die übertriebenen Ansprüche an sich selbst im Zustand einer chronischen psychischen Verspannung gelandet. Diese Verspannung gilt es durch Freundlichkeit zu sich selbst aufzulösen. Sich selbst gut genug sein. Sich selbst endlich einmal bedingungslos (!) annehmen.

Praxis – Selbstliebe

Hier finden Sie als Grundlage dazu die **Praxis der Selbstliebe.** Am besten machen Sie diese Übung vor dem Einschlafen oder nach dem Aufwachen. **Diese komplette Selbstliebe-Meditation finden Sie zum kostenlosen Anhören auf meiner Homepage** www.gabriele-rossbach.de/. Die Meditation dauert knapp zehn Minuten. Hier die Textversion:

Liegen Sie bequem.

Schließen Sie Ihre Arme schützend und liebevoll um Ihren Oberkörper – umarmen Sie sich liebevoll.

Gehen Sie mit Ihrer Aufmerksamkeit in Ihr Herz und denken Sie mit dem tiefsten Liebesgefühl, das Sie in diesem Moment zu erwecken vermögen:

Ich liebe mich. Ich liebe mich von ganzem Herzen.

Ich fühle mich wertvoll.

Ich bin liebenswert.

Ich bin so gerne ich!

Ich sage aus vollem Herzen ja zu mir.

Fühlen Sie, wie aus Ihrem Herzen Wärme und Liebe ausstrahlen.

Wärme, Liebe und Zärtlichkeit erfüllen Ihren ganzen Körper. Ihre warme, schöne Liebe aus tiefstem Herzen erwärmt Ihren Körper und Ihre Seele. Ihr Herz strahlt wie eine warme Sonne durch Ihren Körper und Ihre Seele.

Genießen Sie das Gefühl, sich selbst aus tiefstem Herzen zu lieben!

Wiederholen Sie morgens beim Aufwachen als erste Affirmation und abends vor dem Einschlafen mit einem tiefen erleichterten Atemzug die Affirmation: »Ich liebe mein Ich.« Fühlen Sie diese Liebe zum Ich, zum eigenen Da-Sein.

Auch mitten im Alltag, zum Beispiel an jeder roten Ampel, können Sie in unbeobachteten Momenten aus stressigen Situationen in Ihre Selbstliebe zurückkehren. Nutzen Sie Ihre Lieblingsformel und geben Sie sich selbst Halt damit.

Übrigens ist Selbstliebe nichts Egoistisches. Und auch nichts, für das man sich schämen müsste. Eins ist sicher: Nur, wenn Sie sich selbst lieben und in sich selbst wohl fühlen, können Sie überhaupt echte Herzlichkeit, Empathie und Liebe für andere empfinden.

Schämen Sie sich also nicht, sich selbst innig und von ganzem Herzen zu lieben. Sie haben es verdient, Ihre Selbstliebe und Ihr Selbstwertgefühl zu stärken. Sie werden nicht nur sich selbst guttun, sondern außerdem andere durch Ihr positives Selbstwertgefühl und Ihre Herzlichkeit bereichern.

Selbstcoaching

Ein Selbstbild voller Selbstfreude ist besonders in Trennungsphasen wichtig, weil es Ihnen Hoffnung schenkt. Suchen Sie dafür Fotos heraus, auf denen Sie sich gerne sehen (natürlich ohne den Ex-Partner). Es sollten Fotos sein, auf denen Sie einfach gut drauf sind. Es spielt dabei keine Rolle, ob Sie jung oder alt, hässlich oder schön sind! Es geht um Ihr Wesen, das liebenswert ist, und um Ihre Qualitäten. Es geht um Selbstakzeptanz, Selbstsympathie und um Lebensfreude. Die Fotos dürfen auch aus Ihrer Jugend sein, oder Partyfotos und natürlich fröhliche Urlaubsbilder. Es geht nicht um Posieren und Styling, sondern ums Echt-Sein, ums Lebendig-Sein, um intensives Da-Sein.

Lassen Sie sich die schönsten Bilder ausdrucken, durchaus auch etwas größer. Schmücken Sie eine Fläche in Ihrem Schlafzimmer mit Ihren ausdrucksvollsten, lebendigsten, schönsten Fotos. Vielleicht stellen Sie eine Wasserschale mit einer duftenden Blüte davor auf, die Sie sich selbst schenken, um sich zu trösten und zu ermutigen. Genieren Sie sich nicht, eine Zeitlang einen Selbstliebe-Altar zu gestalten und Ihre Selbstliebe zu zelebrieren!

Statt sehnsüchtige Gedanken zum Ex-Partner oder zum fiktiven Traummann wandern zu lassen, schauen Sie bitte immer wieder Ihre eigenen Fotos an!

Bei Rückfallgefahr in die alte Beziehung lesen Sie Ihre Trennungs-Checkliste mit der Rückfall-Vorbeugung durch. Denken Sie daran, wie schlecht Sie sich oft an der Seite Ihres Ex-Partners gefühlt haben. Lassen Sie diese Gefühlserinnerungen wieder auftauchen.

Errichten Sie den »Granitwall«. Wenden Sie sich dann intensiv Ihrem Selbstliebe-Platz zu. Betrachten Sie sich selbst, denken Sie an schöne Situationen *außerhalb* der letzten Partnerschaft. Betrachten Sie sich liebevoll.

Stellen Sie sich vor den Spiegel. Schauen Sie sich liebevoll an, mit oder ohne Make-up und auf jeden Fall ohne kritischen Schönheitsscan! Verbannen Sie den hysterischen Hype der Schönheitsindustrie aus dieser Selbstbetrachtung, ganz gleich, ob Sie besonders hübsch sind oder nicht. An einem hübsch gestylten Aussehen können Sie sich immer gern erfreuen, aber echte Selbstliebe geht viel tiefer und schenkt Ihnen ein stabiles, ruhiges Selbstwertgefühl, mit und ohne Mascara. Ihre wahre Selbstliebe geht unter die Oberfläche. Sie macht sich nicht an Ihrem Aussehen fest, sonst könnte jeder Pickel Sie Ihrer Selbstliebe berauben. Ihre Selbstliebe gilt Ihrem Inneren, Ihrem authentischen Wesen, nicht der Oberfläche.

Schauen Sie sich liebevoll in die Augen. Schenken Sie sich ein kleines Lächeln. Sehen Sie, wer Sie sind. Fühlen Sie, wer Sie sind. Wie liebenswert Sie sind. Genießen Sie Ihre Selbstwahrnehmung voller Wärme und Herzlichkeit.

Setzen Sie sich dann bequem hin und schließen Sie die Augen. Umarmen Sie sich selbst. Fühlen Sie diese herzliche Liebe zu sich selbst. Zu Ihrem innersten Wesen. Lassen Sie Ihr

Herz weit und warm werden, mit dem Gefühl, die eigene Seele zu umarmen.

Zu Ihrem Selbstcoaching und Ihrer Selbstliebe gehört es auch, insgesamt gelassener und freundlicher zu sich selbst zu sein. Es gilt, Mitgefühl mit sich und anderen zu pflegen. Wachen Sie morgens mit dem Gedanken auf: »Ganz gleich, was ich heute bewältige und schaffe oder was mir nicht gelingt, ich bin gut genug. Ich werde heute Abend schlafen gehen in dem Bewusstsein, dass ich unvollkommen, ängstlich und verletzbar sein *darf*. Weil ich *auch* mutig und liebenswert bin.«

Heilender Narzissmus – lassen Sie sich verwöhnen

Um Ihre Selbstliebe-Intensivierung abzurunden, gönnen Sie sich außerdem ein liebevolles Verwöhnprogramm. Zum Beispiel eine ayurvedische Massage oder eine Kosmetikbehandlung – am besten jedenfalls eine Behandlung, bei der Sie *von einem anderen Menschen* verwöhnt werden.

Besonders für diejenigen, die gerade jetzt unter Liebeskummer oder Trennungsschmerz leiden, *ist liebevoller Narzissmus nicht nur erlaubt, sondern angesagt!*

Körperpflege, ein bisschen Luxus und Parfums, Kosmetikbehandlungen und Massagen dürfen besonders jetzt Ihr Freizeitprogramm füllen. Es wird sehr heilend für Ihre Seele wirken und Ihre Selbstliebe verstärken, wenn Sie wohltuenden Körperkontakt von einem anderen Menschen bekommen. Vor allem ayurvedische Massagen sind eine Wohltat für Körper und Seele, aber auch jede andere Art von Massage wird Ihnen guttun. Gönnen Sie es sich mindestens einmal wöchentlich, so gesund verwöhnt zu werden. Diese Investition wird sich lohnen. Allein der Körperkontakt und das Streichen über Ihre Haut tut Ihrem Wohlbefinden gut, gerade nach einer Trennung!

10

In sich selbst Anker werfen

Hier sind drei unterschiedliche wohltuende Entspannungsarten. Wenn Sie sich oft gestresst fühlen und den Eindruck haben, nicht in sich selbst zu ruhen, suchen Sie sich die Entspannungstechnik aus, die Ihnen am besten gefällt.

Praxis: Genussvolle Tiefenentspannung

Setzen Sie sich bequem hin und gönnen Sie sich eine Viertelstunde, um in tiefer Entspannung zu ruhen.

- *Entspannen Sie den ganzen Körper, vor allem Schultern und Nacken.*
- *Lassen Sie mit einem tiefen Atemzug die Anspannung im Bauch los.*
- *Fühlen Sie, wie Wärme Ihre Handflächen durchströmt.*
- *Die Wärme durchströmt den ganzen Körper, bis in die Fußsohlen.*
- *Entspannen Sie die Gesichtsmuskeln, vor allem die Augenpartie.*
- *Spüren Sie den Innenraum Ihres Kopfes.*
- *Verweilen Sie in Ihrem wachen bewussten Sein.*

Praxis: Zentrierung im Atem

Üben Sie die Atemzentrierung am besten zuerst einmal in Ruhe allein in der Entspannung. Danach beim Fernsehen, und schließlich im Alltag. Mit diesem Training können Sie sich auch in Stresssituationen gut in Ihrem Atem zentrieren, das heißt, selbst-bewusst und entspannt in sich ruhen. Hier ist die Grundübung:

Lenken Sie Ihre Aufmerksamkeit auf den Atem. Spüren Sie Ihren Atem.

- *Nehmen Sie einige Atemzüge lang wahr, wie die Atemluft durch Ihr rechtes Nasenloch ein- und ausströmt.*
- *Nehmen Sie dann wahr, wie die Atemluft durch Ihr linkes Nasenloch ein- und ausströmt.*
- *Nehmen Sie wahr, wie sich Ihre Bauchdecke mit jedem Atemzug hebt und senkt.*

Praxis: Warmen, satten Frieden in sich finden

Diese Entspannungspraxis harmonisiert Sie und schenkt Ihnen ein warmes, zufriedenes Gefühl.
Gehen Sie in die tiefe Entspannung des Körpers und spüren Sie Ihren Atem. Lassen Sie Ihre Aufmerksamkeit im Bauchraum ruhen. Lassen Sie den gesamten Bauchbereich ganz locker.
Denken Sie mit jedem Atemzug: **Sonnige, friedliche Wärme.**

Stellen Sie sich vor, wie sich sonnige, friedliche Wärme in Ihrem Bauch ausbreitet. Wie sie in den ganzen Körper ausstrahlt.

Stellen Sie sich vor, dass Sie sonnige, friedliche Wärme in den Raum um sich herum ausstrahlen und den ganzen Raum mit sonniger, friedlicher Wärme erfüllen.

11

Wie Frau glücklich lebt

Beziehungsfrust und Konflikte sind manchmal eine Folge von eigener emotionaler Bedürftigkeit und den daraus resultierenden Erwartungen und Ansprüchen.

Wozu habe ich denn überhaupt eine Partnerschaft, wenn ich keine Bedürfnisse haben soll?, fragen Sie sich vielleicht.

Damit Sie sich auch in einer Partnerschaft selbstbewusst, stark, frei, glücklich und unbeschwert fühlen!, lautet die Antwort.

Die starke Klasse-Frau

Unsere oft typisch weibliche Bedürftigkeit führt in die emotionale Irre. Wie viele Ansprüche der Partner oft erfüllen soll! Er soll gut aussehen, ein supersinnlicher Lover sein, Anerkennung und Komplimente schenken, dann aber auch die liebende Mutterglucke darstellen und Geborgenheit liefern! Er soll emotionale Defizite füllen, Schutz bieten, unter anderem vor Einsamkeit und Langeweile. Dazu spannend und unterhaltsam sein, treu, loyal und ehrlich. Die eigene weibliche Identität aufpolieren und bestätigen. Anfallende Hilfs- und Reparaturdienste leisten. Repräsentabel sein und auch noch finanzielle Vorteile bringen.

Arme, überforderte, genervt flüchtende Männer!

Arme, frustrierte, klammernde, fordernde, leidende Frauen! So kreiseln viele Normalbeziehungen in einem frustrierenden Teufelskreis herum. Die Lösung, um ein wirklich glückliches Leben zu führen und ein stabiles Lebensglück herzustellen, kann logischerweise nur darin liegen, dass Frauen emotional und materiell möglichst autonom sind.

Unsere Maxime lautet: Die starke Klasse-Frau ist eine kompetente, in sich vollständige, sich selbst liebende und glückliche Hauptdarstellerin auf ihrer eigenen Lebensbühne. Also eine selbstbewusste Frau, die ihre eigenen Ansprüche, zum Beispiel an beruflichen Erfolg, aus eigener Kraft erfüllt. Eine machtvolle Heldin ihres eigenen Lebens. Souverän und herzlich. In einem guten sozialen Umfeld, das sie stützt und ihr guttut. Sie lebt ihre Ideale, verwirklicht ihre Talente und folgt ihren Interessen. So eine Frau ist unabhängig und stark. Genau das imponiert einem Mann und erzeugt seinen Respekt, falls frau gerade überhaupt einen festen Partner möchte. Falls sie überhaupt lediglich *einen* Mann möchte. Aber auch wenn sie nicht von Verehrern umschwärmt wird, ist ihr das nicht so elementar wichtig, gerade weil sie nämlich autonom ist und weil sie sich intelligenterweise *nicht* von »den Männern« abhängig macht. Weil sie ihr eigenes Leben führt und nach ihrem persönlich definierten Lebenserfolg strebt. Ihre eigenen Talente liebt und fördert. Sich ihre Wünsche selbst erfüllen kann und auf die nicht erfüllbaren eben lässig verzichtet. Bevor sie womöglich in Abhängigkeiten geriete, die ihr Selbstwertgefühl untergraben würden!

Männer sind ihr natürlich durchaus willkommen und dürfen auch gern mitspielen auf ihrer Lebensbühne, brauchen aber nicht die ganz großen Ansprüche zu erfüllen. Natürlich kann der Partner dann auch keine Ansprüche stellen, die von ihr größere Opfer verlangen würden.

Von weiblicher Seite sollten möglichst keine Abhängigkeiten entstehen, wenn frau stark und selbstbewusst leben will. Unsere Unabhängigkeit auf allen Ebenen ist unser Schlüssel zu einem satten, starken und unerschütterlichen Glücksgefühl.

- Abhängigkeit macht grundsätzlich schwach und verhindert die Entfaltung unseres Potenzials. Unabhängigkeit verleiht Stärke und ein großartiges Selbstwertgefühl.
- Zum Lebensglück gehört es, keinen Partner zu *brauchen*, sondern sich einen Partner zu *wünschen*.

Sobald es einer Frau gelingt, emotional und materiell autonom zu sein, ist sie eine starke Klasse-Frau und in ihrer Individualität und Stärke absolut bewundernswert. Sie kann gar nicht verhindern, eine wohltuende Selbstachtung und ein beglückendes Selbstwertgefühl zu verspüren.

Diese innere Haltung entspricht keinem verbissenen Emanzentum, sondern weiblicher Selbstverwirklichung. Dabei genießt frau es durchaus, wenn man ihr die Wagentür öffnet oder ihr in den Mantel hilft und sich charmant verhält. Der Akzent liegt darauf, dass die starke Klasse-Frau nicht zwingend einen Lebensgefährten *braucht*. Sie genießt den Mann an ihrer Seite: erotisch, als Gefährten, als interessanten Gesprächspartner, als unterhaltsamen Begleiter und natürlich auch mal zum Kuscheln, als Geliebten und als Freund, um gemeinsam ein Hobby zu betreiben, oder zum kulturellen Austausch. Wofür sich derjenige Mann halt interessiert und »gut passt«. Aber – sie *braucht* ihn nicht.

Ansonsten kann sich zunächst kaum merklich eine emotionale Abwärtsspirale in Gang setzen, bei der *sie* den Kürzeren zieht, bei der *sie* ihr Selbstwertgefühl verliert und bei der *sie* unter den entstehenden Dissonanzen am meisten leidet. Jede emotionale Symbiose, jede Form der Abhängigkeit ist grundsätzlich riskant.

So weit die Theorie und vielleicht der Vorsatz. Um ihn umsetzen zu können und eine ganzheitliche Autonomie zu entfalten, brauchen Sie:

- materielle Selbständigkeit,
- sich selbst als ihre eigene Glücksquelle, Selbst-Liebe, Selbst-Achtung und Selbst-Wert-Gefühl.

Spamfilter gegen Beziehungsdesperados

Während Sie sich Ihre eigene Kompetenz und Autonomie zunehmend erschließen, vermögen Sie sich instinktiv in Zukunft umso besser vor emotionalen »Vampiren« zu schützen! Indem Sie zu sich selbst finden und in Ihrer Kraft ruhen, entlarven Sie sehr viel einfacher beziehungsgestörte Männer, die Sie doch nur unglücklich machen. Inzwischen wissen Sie nämlich, was Sie wollen und brauchen. Der Gebundene oder Beziehungsunfähige ist definitiv nicht der Mann, mit dem Sie eine schöne Liebesbeziehung führen können.

Mittlerweile lesen Sie die ersten Anzeichen, ganz gleich, ob das unplausible Ausreden, emotionale Zurückhaltung, Suchtverhaltensweisen oder übermäßige Prahlerei sind. Ihre Sensoren sind aktiviert, um ungesunde Tendenzen rasch zu orten und Beziehungsdesperados in die Wüste (oder zu einem Therapeuten) zu schicken.

12

Endstation Sehnsucht?
Nein, Endstation Powerfrau!

Man kann niemanden lieben und respektieren, der nicht »da« ist. Das klingt logisch, oder?

Ein Mann kann keine Frau lieben, die nicht »da« ist. Nun kann es aber sein, dass eine Frau zwar vierundzwanzig Stunden am Tag um den Mann herumwuselt und trotzdem »nicht da« ist. Weil sie, was ihr Selbst betrifft, abwesend ist.

Was also bedeutet da-sein? Einfacher ist es, festzustellen, wann jemand *nicht da ist.* Eine Person ist dann nicht da,

- wenn sie sich selbst nicht wahrnimmt,
- wenn sie bewusstseinsmäßig nicht präsent ist,
- wenn sie nicht selbstbewusst ist,
- wenn sie sich verliert in Emotionen oder Bedürfnissen
- oder wenn sie sich in einem anderen Menschen verliert.

Eine Frau ist vor allem dann »nicht da«, also schwach und energetisch abwesend, wenn sie sich in ihrem Partner verliert. Wenn sie sich mit ihren Gedanken, Wünschen, Hoffnungen und Zielen allein auf *ihn* ausrichtet. Wenn sie sich ihm gefühlvoll hingibt wie ein Wölkchen, das sich in der Sonne auflöst. Denn dann hat sie ihre Power verloren und ist fast nicht mehr anwesend.

Und das, während sie doch glaubt, ihm damit ihre tiefe Liebe zu zeigen und zu beweisen. Ihn glücklich zu machen. Und dadurch sein Herz zu gewinnen.

Nein, Ladys, so geht's eben nicht. Diese Hingabe ist nichts als Verlorenheit, sie macht schwach, ohnmächtig und unglücklich.

Natürlich sollen und dürfen Sie Ihren Partner lieben! Aber sich im anderen verlieren, sich ihm hingeben, sich ihm aufopfern ist keine Liebe, sondern ein versuchter Deal. »Liebe ich dich so sehr, wirst du mich auch so sehr lieben«, meint frau unbewusst. Fatalerweise scheint dieser »Deal« in der ersten Verliebtheit sogar zu funktionieren. Frau verliert sich – verliebt und glücklich – im Mann. Mann verliert sich – verliebt und vernarrt – in der Frau.

Wir lieben uns, denken Verliebte dann. So funktioniert Liebe, finden die beiden.

Tatsächlich?

So funktioniert »Liebe« nur während des ersten Hormonrauschs, der zwischen neun und achtzehn Monate anhält, wie Wissenschaftler ernüchternderweise herausgefunden haben. Nach dem Hormonflash kommen beide wieder langsam in der normalen Welt an, und die rosa Wölkchen verdampfen ein wenig. Man ist nun in der Lage, auch Schwächen beim anderen zu orten.

Doch viele Frauen halten emotional an diesem Schema fest: »Liebe ist, wenn einer sich völlig fasziniert im anderen verliert.«

Männer sind da tendenziell weniger romantisch. Sie wenden sich mit ihrer Aufmerksamkeit irgendwann ganz natürlich wieder mehr ihrem Alltag zu. Schließlich ist ja klar, dass man sich liebt, das braucht weder dauernd bekräftigt noch hinterfragt zu werden.

Finden Männer. Finden Frauen nicht.

Frauen verweilen auch nach der akuten Verliebtheit mit ihrer Aufmerksamkeit oft noch fast genauso intensiv beim Partner, bekommen von ihm aber nicht mehr so viel zurück. Ihre mentale Energie wandert also weiterhin stark zu ihrem Liebsten, aber der gibt nicht mehr so viel liebevolle Aufmerksamkeit zurück. Macht nicht mehr so viele Komplimente, schenkt nicht mehr so viele »romantische« Liebesbekundungen. Genau jetzt verspürt die Frau erstmals ein Defizit an Aufmerksamkeit.

An diesem Punkt beginnen ihre Zweifel und Selbstzweifel. Liebt er mich nicht mehr? Bin ich nicht mehr begehrenswert genug? Und so weiter. Die meisten von uns dürften diese quälende Zweifel-Phase kennen. Eine unselige Dynamik beginnt.

Wir schämen uns nicht mal, die peinliche und demütige Frage: *Liebst du mich noch?* zu stellen. Dabei ist längst der Zeitpunkt erreicht, an dem die Weichen neu gestellt werden müssen – und zwar in der weiblichen Seele!

Jetzt kommen wir wieder zurück zum »Da-Sein«. Spätestens zu diesem Zeitpunkt schwächelt frau nämlich und ist nicht mehr »da«.

Höchste Zeit, das zu ändern, statt ewig der ersten wunderbar beglückenden Verliebtheitsaufmerksamkeit des Partners hinterherzuschmachten!

Ein solches Armutszeugnis werden wir uns künftig nicht mehr ausstellen, weil wir das gar nicht nötig haben. Was halten Sie davon, wenn wir wunderbaren weiblichen Wesen uns auf die uns innewohnende immense weibliche Urkraft konzentrieren und unsere kostbare Aufmerksamkeit ein wenig mehr *uns selbst* als dem Partner schenken? Uns um *unsere* Belange und *eigene* Ziele kümmern?

Ein Egotrip? Nicht wirklich. Wenn wir nämlich aus einer Position des Selbstwertgefühls und des Uns-gut-Fühlens Liebe, Lust und Zärtlichkeit *schenken*, dann ist es ein echtes Geschenk. Vorher ist es Bedürftigkeit, ein Deal. Wir können aber nur dann wirklich schenken, geben und lieben, wenn wir bewusst schenken, aus der eigenen Fülle heraus. Wir sehnen uns nicht mehr so sehr nach »seiner« Liebe und Aufmerksamkeit; das haben wir einfach nicht mehr nötig. Weil wir von innen heraus gesättigt, stark und glücklich sind.

Mit ihm, durchaus. Aber wenn es sein muss, auch ohne ihn.

Folgende Frage können Sie nun jedem männlichen Wesen in Ihrer Umgebung stellen: »Mit wem möchtest du lieber eine Liebesbeziehung haben – mit einer liebebedürftigen Partnerin, die du glücklich machen sollst? Oder mit einer starken, selbstbewussten, glücklichen Partnerin, die dir Liebe, Lust und Zärtlichkeit schenkt?«

Die Antworten dürften eindeutig zugunsten der starken, selbstbewussten Frau ausfallen. Und daraus können Sie nur einen Schluss ziehen: Betteln Sie nie mehr um Liebesalmosen, sondern versetzen Sie sich aus Ihrer eigenen Kraft heraus in die Lage, Liebe, Zärtlichkeit, Fürsorge oder was immer Sie fühlen, *aus Ihrer inneren Fülle heraus* zu *verschenken*.

Nur diese Stärke erzeugt bei einem Mann dauerhaften Respekt und Liebe.

Also, liebe Leserin, wenn Sie noch nicht den Eindruck haben, eine wirklich starke, selbstbewusste und glückliche Frau zu sein, fangen Sie doch einfach in dieser Sekunde damit an!

Niemand kann Sie nämlich glücklicher machen als Sie selbst.

Bislang haben wir Schwächen über Bord geworfen und uns befreit von altem emotionalem Ballast. Uns vielleicht entliebt und danach stabilisiert. Aber das Intensiv-Coaching, um sich vollständig mit der eigenen Kraft zu verbinden, kann jetzt erst richtig losgehen.

13

Ich-Kraft und Präsenz

Eine Grundregel für die Praxis der Zentrierung lautet: »Schenken Sie Liebe, schenken Sie Aufmerksamkeit, und schenken Sie weg, was immer Sie wollen – aber niemals die Macht über sich selbst!«

Selbstverständlich gebe ich nicht die Macht über mich selbst weg, werden Sie denken. Doch wir alle verlieren ständig unbemerkt Aufmerksamkeitsenergie und geben damit viel Macht über uns selbst weg, indem wir unsere Aufmerksamkeit zu intensiv an Dinge, Wünsche, Emotionen, Personen und Situationen verschenken.

Um das nicht mehr zu tun, braucht es ein intensives Gefühl der Präsenz.

Präsenz macht charismatisch. Ein Mensch, der selbstbewusst in sich selbst ruht, hat eine faszinierende Ausstrahlung. Und nicht nur das: Ein Mensch, der präsent und entspannt in sich selbst verwurzelt ist, fühlt sich einfach wohl in seiner Haut. Außerdem können Sie nur dann die Macht über sich selbst behalten, wenn Sie zentriert und bei sich selbst sind. Ansonsten verlieren Sie sich allzu leicht in Alltäglichkeiten, Stress oder in dem, was der Partner tut (oder nicht tut).

Um die eigene Präsenz, das ruhige Bei-sich-selbst-Bleiben zu trainieren, finden Sie hier zwei meditative Übungen, die Ihre Präsenz und Ihr Selbstgewahrsein intensivieren.

An diesem Punkt Ihrer Lektüre empfiehlt es sich, wieder

eine Praxis-Phase einzulegen, in der Sie die folgenden beiden Präsenz-Übungen für sich etwa zwei Wochen lang täglich praktizieren.

Sie werden eine deutliche Veränderung in Ihrer Selbstwahrnehmung und in Ihrem Wohlbefinden feststellen. Wenn Sie Präsenz entfalten wollen, gehen Sie am besten erst dann zu den nächsten Kapiteln weiter, wenn Sie diese Übungen in Ihren Alltag integriert haben.

Praxis – Präsenz-Übung 1

Es wird Ihnen guttun, sich Zeit für sich selbst zu nehmen und sich selbst genussvoll und entspannt zu spüren. Die nächsten zehn Minuten gehören Ihnen allein.
Wiederholen Sie in Gedanken die folgenden Sätze und versuchen Sie, diesen Zustand zu spüren.
Dazu können Sie den folgenden meditativen Text übersichtlich auf ein DIN-A4-Blatt kopieren oder ihn abschreiben. Lesen ihn während der Übung einige Male durch.

Lassen Sie sich aufatmend in einer bequemen Sitzposition nieder und entspannen Sie sich in sich selbst hinein. Lassen Sie die Schultern locker. Entspannen Sie die Stirn- und Augenpartie.

- *Ich atme auf.*
- *Ich fühle mein Gesicht. Ich entspanne mein Gesicht und lasse den Hauch eines Lächelns entstehen.*
- *Ich fühle nacheinander ... meine Arme ... meine Hände ... meine Beine ... meine Füße.*

- *Ich fühle meinen Bauchinnenraum, warm und weich.*
- *Ich nehme das seidige Fließen meines Atems wahr.*
- *Ich fühle meinen Rücken und meine Wirbelsäule sehr intensiv.*
- *Ich bin mir des Innenraums meines Körpers bewusst als eines warmen, lebendigen Raumes. Ich fühle den Raum, den ich mit meinem Bewusstsein ausfülle, von Kopf bis Fuß.*

Praxis – Präsenz-Übung 2: »Selbst-bewusst-Sein«

Auch den folgenden meditativen Text können Sie sich übersichtlich auf ein DIN-A4-Blatt kopieren oder abschreiben. Lesen Sie ihn während dieser Übung einige Male durch. Wiederholen Sie in Gedanken die folgenden Sätze (jeweils etwa zwei Minuten pro Satz) und versuchen Sie, diesen Zustand zu erspüren.

- *Ich lasse meinen Körper locker.*
- *Ich genieße es, mich zu spüren.*
- *Ich genieße meine ruhigen Atemzüge.*
- *Ich nehme meine Wachheit, meine Bewusstheit und meine Präsenz wahr.*

Wenn Sie sich im Alltag schnell in Ihrem Körperbewusstsein und in Ihrer Präsenz zentrieren wollen, hilft es sehr, wenn Sie Ihre Aufmerksamkeit in Ihre Wirbelsäule wandern lassen und kurz die Beckenbodenmuskulatur anspannen. Das wirkt fast wie eine schützende »Ritterrüstung«, damit Sie wieder ganz bei sich selbst sind.

14

Ich bin Hauptdarstellerin in meinem Leben

Hier folgt eine wohltuende Allround-Zentrierungsübung, an der Sie sicherlich Spaß finden werden. Diese Art von Zentrierung ist umfassend und alltagstauglich, immer und überall. Es hilft Ihnen sehr, wenn Sie vorher die Präsenz-Übungen einige Wochen lang genossen haben, so dass Ihre Selbstwahrnehmung intensiviert ist.

Denken Sie einmal an Ihre Kinoabende. Haben Sie nicht auch schon mal völlig fasziniert der Hauptdarstellerin eines Films zugeschaut und mit dieser Person zusammen *gefühlt und gehandelt?* Bestimmt waren Sie auch schon mal völlig absorbiert von der Präsenz einer guten Schauspielerin in einem fesselnden Film, oder?

Ist es nicht erstaunlich einfach, sich der Präsenz eines ausdrucksvoll agierenden Filmstars hinzugeben und sich für die Dauer eines Films seinem Erleben auszuliefern?

Aber was hat das mit Ihnen zu tun? Tatsächlich kann uns dieses Phänomen enorm inspirieren. Allerdings werden wir dazu den Spieß umdrehen!

Wir sind nicht bloß Zuschauerinnen irgendeines Geschehens, weder im Kino noch im Alltag. Als Erstes machen wir uns bewusst, dass wir in jedem einzelnen Moment Hauptdarstellerin in unserem eigenen Lebensfilm sind. Und das sind wir sogar in den Momenten, in denen wir zum Beispiel nur einfach im Kinosaal sitzen und tief berührt die Handlungen und Emotionen einer großartigen Schauspielerin verfolgen. Hierzu gibt es für Sie als Kinobesucherin eine witzige Übung. Während Sie den Film im Kino aufmerksam verfolgen, vollziehen Sie mental einmal einen Kameraschwenk: Die Kamera richtet sich in Ihrer Vorstellung plötzlich in Großaufnahme auf Ihr Gesicht, das den Ausdruck der Filmszene widerspiegelt. Sie sehen *sich selbst* im Kinosaal als geheime Hauptdarstellerin dieser Szene – im Halbdunkel sitzend, völlig gebannt, Popcorn knabbernd und dabei gefesselt auf die Leinwand blickend, und hinter Ihrem Kopf leuchtet der Filmprojektorstrahl. Vor Ihnen die dunklen Köpfe der anderen Kinobesucher. Sie registrieren bewusst *Ihre* Präsenz im Kino. Ihr eigenes Gewahrsein in diesem Raum zusammen mit den anderen Menschen, Ihren angehaltenen Atem in spannenden Szenen, Ihre Träne im Augenwinkel im Moment des Happy Ends. Und das alles in Großaufnahme!

Sie als Zuschauerin sind Hauptdarstellerin in Ihrer Lebensszene *Ich schaue einen Kinofilm.*

Diesen Perspektivenwechsel können Sie auf jede Alltagssituation übertragen. Eine Schauspielerin besitzt ihre faszinierende Präsenz unter anderem natürlich auch deswegen, weil sich ein Regisseur, mehrere Beleuchter, Kameraleute, Visagisten und Nebendarsteller auf sie konzentrieren. Die Hauptdarstellerin weiß sich im Mittelpunkt des Geschehens, auch wenn sie beispielsweise gerade nur beiläufig etwas in die Computertastatur eingibt und dabei total gedankenverloren wirkt. Sie weiß dennoch in jedem Moment sehr genau, dass ein Team von Menschen auf sie konzentriert ist, während auch sie sich ganz auf sich, ihre Rolle und deren momentane Gefühlslage konzentriert.

Kunststück, so überaus zentriert zu sein, wenn sich ein

ganzes Team auf einen fokussiert. Leider steht so etwas unsereinem im Alltag nicht zur Verfügung.

Dennoch können wir die Situation für unsere umfassende Zentrierung als Inspiration nehmen. Auch ohne dass Sie ein Filmteam mieten müssten, das sich auf Sie konzentriert, Sie filmt, Sie coacht, beleuchtet und unterstützt – denn das alles kann ganz einfach und jederzeit *in Ihrem Kopf* geschehen!

Während Sie also beispielsweise einen eher belanglosen Text in den Rechner tippen, stellen Sie sich doch einmal vor, wie ein ganzes Team Ihren Ausdruck dabei verfolgt, wie die Beleuchter das Licht in Beziehung zu Ihnen setzen, während mehrere Kameras Ihre Bewegungen, Ihre Handlungen und Ihre Worte im Film festhalten.

Stellen Sie sich vor, wie wenig später Millionen von Menschen auf der ganzen Welt Ihnen dabei zusehen, wie Sie einen belanglosen Text eintippen. Oder wie Sie mit gelangweiltem Gesicht staubsaugen. Oder wie Sie verschwitzt durch die Landschaft joggen.

Wenn Sie sich jetzt einige Augenblicke darauf konzentrieren, dass genau in diesem Moment ein Filmteam Ihr momentanes Lesen aufnimmt, jede feinste Regung in Ihren Augen in Großaufnahme festhält, und dass Millionen Menschen in zahlreichen Großstadtkinos Ihre momentane Aktion und den nachdenklichen Ausdruck in Ihrem Gesicht beim Lesen gebannt verfolgen werden, wird sich Ihre Präsenz und Ihr Gegenwärtigsein genau *jetzt* intensiv verstärken.

Genau *jetzt*, in diesem Moment wächst Ihre Präsenz, und zwar ohne dass äußerlich irgendetwas Dramatisches geschieht. Es geschieht äußerlich nicht mal eine Veränderung! Nur Ihr Fokus verschiebt sich, das ist alles.

Er richtet sich nämlich einfach auf Ihr Selbstgewahrsein. Das ist das ganze Geheimnis.

Auch wenn das vielleicht wie ein amüsantes Spiel klingen mag, über dieses Selbstgewahrsein entwickeln Sie eine starke Präsenz. Wenn Sie mögen, versuchen Sie, sich im Alltag so oft wie möglich als »Hauptdarstellerin« wahrzunehmen, die sich ganz auf sich und ihr Tun konzentriert und darüber in ihrer eigenen Präsenz versinkt.

Achten Sie dabei aber *nicht auf Ihre Außenwirkung* und auch nicht auf die Resonanz der Mitmenschen, denn genau darum geht es definitiv *nicht!*

Es geht ausschließlich um Ihre pure Selbstwahrnehmung, um Ihre Ich-Kraft, um Ihre Präsenz, ganz gleich, ob das jemand registriert oder nicht.

Wird man an diesem Punkt nicht zu egozentrisch?, fragen Sie sich vielleicht. Nein, keine Sorge, das tut man nicht, und zwar aus zwei Gründen: Es gibt die narzisstisch-egoistische Präsenz, die auf Außenwirkung bedacht ist und berechnend auf Anerkennung abzielt. Eine Art Selbstinszenierung, die stets mit Aufmerksamkeitshunger checkt, ob und wie die Außenwelt reagiert, die aber nie »satt« werden kann.

Echte Präsenz ist im Gegensatz dazu überhaupt nicht auf Außenwirkung aus, sondern bringt Sie immer stärker mit Ihrer inneren Natur, Ihrem Selbst, Ihrem Ich in Verbindung. Echte Präsenz synchronisiert Sie mit Ihrer Bewusstheit, mit Ihrem Geist. Sie werden aus sich selbst heraus, genauer gesagt: aus Ihrem Selbst heraus »satt« und zufrieden. Sie haben dann die Macht über sich. Niemand sonst. Im Grunde genommen »entmachtet« diese Präsenz sogar die Außenweltreaktionen ein ganzes Stück weit, und genau das ist das Heilsame und Stärkende daran. Sie allein entscheiden aus Ihrer Selbst-Bewusstheit, was Sie tun, wollen und fühlen und wer Sie sind. Ungeachtet der Frage, ob das irgendjemand registriert oder nicht, gut oder schlecht findet, denn darum geht es nicht. Es geht ausschließlich um das Entdecken und Wahrnehmen Ihres inneren Seins, Ihres Geistes und Ihrer Essenz. Es geht nicht um beifallheischendes Effektverhalten. Im Gegenteil: Ein Mensch, der in sich ruht, der selbstbewusst und zentriert seiner Ich-Kraft gewahr ist, hat die Außenresonanz kaum mehr nötig, weil er von innen heraus bestens »genährt«, zufrieden und »gesättigt« ist.

Daher macht es Sie erst zu einem wirklich sozialen Wesen, wenn Sie in Ihrer eigenen geistigen Natur ruhen, Ihrem wahren Ich. Sie sind nämlich in Ihrem Selbst-bewusst-Sein weitaus weniger egoistisch, weil Sie auch weniger »bedürftig« sind, was zum Beispiel Zuwendung oder Anerkennung betrifft. Sie werden dadurch erst richtig wach, bewusst und liebesfähig.

Die Buddhisten behaupten in diesem Zusammenhang, dass sich im innersten Kern eines jeden Wesens dessen wahre Natur findet – und zwar ein grundlegendes Gutsein, eine heitere, friedliche Güte, die warmherzig und empathisch ist.

Praxis – Visualisierung zu »Hauptdarstellerin im eigenen Lebensfilm«

Machen Sie sich einen Kaffee oder Tee und ziehen Sie sich für ein paar ungestörte Minuten auf Ihren Lieblingsplatz zurück.

Denken Sie an eine normale Situation, in der Sie sich ganz auf diese Wahrnehmung als Hauptdarstellerin ausrichten möchten, ruhig so etwas Banales wie einen Lebensmitteleinkauf.

- *Stellen Sie sich vor, dass das gesamte Universum dabei seine Aufmerksamkeit auf Sie richtet. Mit allem, was Sie tun oder sagen, wie Sie schauen.*
- *Stellen Sie sich sogar ein Filmteam vor, das Sie beachtet, beleuchtet und filmt. Mit Ihrer Achtsamkeit und Ihrem Gewahrsein sind Sie während der Situation auf sich selbst fokussiert und füllen die Szene und den Raum mit Ihrer Präsenz. In Ihrer Vorstellung konzentriert sich nicht nur das Filmteam auf Sie, sondern außerdem Millionen Kinozuschauer.*

Durch die Aufmerksamkeit auf Ihr Da-Sein, Ihre Handlungen und Ihre Präsenz erwachen Ihre Ich-Kraft, Ihre Präsenz und Ihr Charisma immer mehr.

15

Aber niemand steht allein
auf dem Olymp!

Es ist wundervoll, stark, zentriert und präsent zu sein.

Aber niemand steht gern *allein* auf dem Olymp. Wer wäre schon gern eine Hauptdarstellerin, die zwar kraftvoll und selbstbestimmt auf ihrer Lebensbühne agiert, aber gleichzeitig unbeliebt, divenhaft und einsam ist?

Daher stellt sich im Anschluss an diese Zentrierungspraxis natürlich die Frage, welche Art von Hauptdarstellerin Sie *für Ihr Umfeld* sein möchten?

Wählen Sie sich doch einmal fünf soziale Attribute, die Sie als Protagonistin Ihres Szenarios besitzen möchten. Zum Beispiel: sympathisch, herzlich, fröhlich, warmherzig, besonnen; oder … respektiert, souverän, gelassen, verständnisvoll und kooperativ.

Verantwortung und Empathie
verschönern den Alltag

Sie kennen das Gefühl, sich so ein richtig tolles und originelles Geschenk für einen lieben Menschen auszudenken, dieses Geschenk zu beschaffen und liebevoll zu verpacken? Wie Sie sich bei dem Gedanken freuen, den anderen zu überraschen und zu verblüffen? So etwas macht Spaß, Sie spüren die Vorfreude die ganze Zeit, bis das Geschenk übergeben wird. Die Freude des Beschenkten strahlt zusätzlich zu uns zurück. Allein an der Vorbereitung einer schönen Überraschung oder eines Geschenks hat man oft noch mehr Freude als an einem Geschenk, das man selbst erhält.

Sie kennen Situationen, jemandem einen Weg zu erklären, der Sie danach fragt, oder der alten Nachbarin zu helfen, ihren Einkaufstrolley die Haustreppe hinaufzuwuchten. Oder einem Blinden über die Straße zu helfen. Eine kleine Katze von der Straße zu retten. Man hat das Gefühl, etwas Nützliches getan zu haben, und das fühlt sich gut an.

Wir sind eben soziale Wesen. Wir schätzen es, in einem harmonischen Umfeld zu leben, und mögen es, gemocht zu werden. Wir geben und schenken im Grunde sehr gern, wir helfen gern, wir machen anderen Menschen gern eine Freude.

Aber wie das so ist – der Alltagsstress trainiert uns das oft ein wenig ab. Wir hasten durch den Tag und haken unsere Erledigungen ab. Dabei tragen wir oft solche Scheuklappen, dass wir gar nicht mehr registrieren, wenn ein Blinder am Straßenrand steht oder ein Behinderter in seinem Rollstuhl nicht über eine Schwelle kommt.

Vielleicht sagen Sie, dass Ihnen das sehr wohl auffällt und Sie dann gerne helfen? Dann wissen Sie gut, wie wohl man sich mit dieser Art von Aufmerksamkeit fühlt. Aber selbst dann können Sie Ihre soziale Kompetenz noch erweitern. Indem Sie bei Kollegen oder Bekannten, Freunden oder Familienmitgliedern *noch mehr* darauf achten, wie sich der andere gerade fühlt. Es tut uns allen so gut, wenn jemand an uns echtes Interesse zeigt und empathisch reagiert, das kennen wir aus Erfahrung. Es tut uns selbst aber ebenso gut, wenn wir an anderen echtes Interesse zeigen und empathisch auf sie reagieren! Außerdem gewinnt man damit Freunde, vertieft Freundschaften oder erfreut Familienmitglieder.

Vielleicht haben Sie in der Vergangenheit bereits erlebt, wie wichtig es gerade in Zeiten des Liebeskummers ist, in einem guten sozialen Netz zu leben. Gerade in dieser Phase sind es besonders die wahren Freundinnen, die uns viel Trost und Stütze zu geben vermögen.

Aber auch in den unkomplizierten Lebensphasen ist es bereichernd, sich von guten Freundinnen und Freunden umgeben zu wissen.

Schaffen Sie sich also ein tragfähiges soziales Netz. Seien Sie offen und herzlich gegenüber anderen, intensivieren Sie Ihre Freundschaften, vor allem auch die mit anderen Frauen.

16

Die Glücksalchemie

Vieles in unserem Innenleben wird durch Gedanken gesteuert. Unser Denken ruft die Stimmung hervor, in der wir gerade sind. Oft reicht bereits ein einzelner Gedanke, um uns in eine gute oder schlechte Stimmung zu versetzen. Haben Sie nicht auch schon einmal leise vor sich hin geflucht: »Was? Nach nur vier Minuten ein Protokoll fürs Falschparken? So ein Dreck!«

Oder andersherum: »Ein Blumenstrauß, für mich? Hey … von wem denn?« Eine Wahrnehmung, eine gedankliche Bewertung – und innerhalb von Sekunden ist ein Gefühl oder sogar eine Stimmung entstanden. Wir alle kennen das.

Nutzen Sie für sich die Möglichkeit, durch Ihre Art des Denkens ein gutes Lebensgefühl zu erzeugen? Oder finden Sie, Sie seien von den äußeren Events abhängig, um sich gut oder schlecht zu fühlen? Natürlich haben Ereignisse eine Auswirkung auf uns, zumindest in dem Rahmen, in dem wir es ihnen erlauben. Wenn wir uns dessen nicht bewusst sind, haben Kleinigkeiten manchmal sogar eine viel zu große Macht über uns.

Bedürftigkeit in Fülle transformieren!

Wie sind Ihre typischen gedanklichen Gewohnheiten? Machen Sie doch mal ein Experiment, wenn Sie zu einem Abend mit netten Leuten eingeladen sind. Sie pflegen und stylen sich natürlich sorgfältig wie immer. Dann aber überprüfen Sie Ihre gedankliche Erwartungshaltung. Sie finden hier einige typische Vorgaben – trifft eine oder mehrere davon zu?

- Hoffentlich sehe ich gut aus!
- Ob ich nette Leute kennenlerne?
- Ob ich einen netten Mann kennenlerne?
- Ob ich den anderen gefalle?
- Hoffentlich ist keine attraktivere Frau dort als ich.
- Ob den anderen mein Outfit gefällt?
- Hoffentlich komme ich gut an.
- So was ist immer auch Stress für mich.

Wenn eine oder mehrere Äußerungen davon zutreffen, befinden Sie sich im Zustand der »Needyness«, der Bedürftigkeit. Hungrig nach Zuwendung, Beachtung, Anerkennung. Vielleicht auch voller Sehnsucht nach dem Traummann. Um es einmal übertrieben und plakativ auszudrücken: Sie umgibt die Aura eines durstigen Vampirs. Und wenn Sie noch so freundlich und verbindlich agieren, insgeheim fühlen Sie sich hungrig, bedürftig und suchend. Kein angenehmer Zustand. Vor allem aber auch kein anziehendes Charisma!

Aber gerade solche Situationen können Sie als Schlüssel zu einer Transformation nutzen. Das geschieht, indem Sie innerlich umschalten, sich sozusagen »umpolen«. Vom Modus:

»Was kann ich hier an Anerkennung, Kontakten oder Aufmerksamkeit bekommen?« zum Modus: »Was kann ich mitbringen und für die anderen beitragen, damit sie in guter Stimmung sind?«

Um es noch einmal drastisch auszudrücken: Sie wechseln vom Modus des bedürftigen Vampirs zur sonnigen Lichtgestalt.

Gehen Sie doch mal auf eine Fete, *um die anderen zu erfreuen*, zu bestätigen und zu bereichern! Sie werden sich augenblicklich nicht mehr bedürftig fühlen, sondern leicht und fröhlich. Die Magie dieser Transformation liegt einfach nur in der Verwandlung der Motivation.

Und je mehr Sie sich diese Einstellung angewöhnen, im Modus echter Herzlichkeit unterwegs zu sein, anderen ein gutes Gefühl zu schenken, Fröhlichkeit zu verbreiten und dazu beizutragen, dass *andere sich wohl fühlen*, desto entspannter und satter werden Sie sich selbst fühlen.

Sie fühlen sich dafür zu leer, zu deprimiert? Geben tankt Sie auf!

Das ständige Suchen und Sehnen, die chronische Bedürftigkeit entspricht einem Minderwertigkeitsgefühl. Es weicht einem Bewusstsein der Fülle und des Selbstwertgefühls, sobald Sie das, was Sie insgeheim ersehnen, selbst zu schenken beginnen.

Wichtig ist, dass es sich dabei nicht um eine aufgesetzte Rolle handelt, sondern um eine authentische innere Haltung. Gönnen Sie anderen Menschen Wohlbefinden. Versuchen Sie, ein winziges bisschen dazu beizutragen. Und schon sind Sie auf dem Weg zu einem satten, zufriedenen Glücklichsein.

Seien Sie zentriert, ruhen Sie in sich selbst und bleiben Sie durchaus die Hauptdarstellerin auf Ihrer Lebensbühne. Und üben Sie dabei diese echte innere Herzlichkeit, zunächst bei den alltäglichsten Begegnungen. Beginnen Sie mit einfachen Übungen. Schenken Sie der Supermarktkassiererin einen Moment echter und freundlicher Wahrnehmung, eine freundliche Bemerkung. Sagen Sie etwas, was bei ihr ein Lächeln hervorruft. Ob es sich um einen unfreundlichen Postboten oder eine gestresste Frau in einer Telefonzentrale handelt: Praktizieren Sie Ihre Herzensfreundlichkeit erst recht, wenn Sie auf übellaunige Zeitgenossen treffen, denn genau diese können ein nettes Feedback dringend brauchen! Üben Sie in allen möglichen Situationen, anderen Menschen ein positives Gefühl zu schenken. Es gibt dazu so viele Möglichkeiten, ob es sich um ein ehrliches Kompliment, ein freundliches Feedback, eine Anerkennung, eine alberne Witzelei oder ein herzliches Lächeln handelt. Sorgen Sie sich darum, ob die anderen sich wohl fühlen! Tragen Sie dazu bei, dass die anderen sich noch etwas wohler fühlen als zuvor!

Verschenken Sie echte Kostbarkeiten. Ein bisschen gute Laune, eine knappe, aber ehrliche Anerkennung – verschenken Sie Selbstwertgefühl an andere, so viel Sie können und mögen, an möglichst viele Menschen, die Ihren Weg kreuzen. Der Vorrat davon ist unerschöpflich.

Manchmal (und öfter, als wir es für möglich halten) genügt schon ein positiver Gedanke, um einen anderen Menschen zu erreichen! Probieren Sie einmal aus, was mit Ihnen und Ihren Mitmenschen geschieht, wenn Sie einen ganzen Tag lang positive *Gedanken* denken und »nette Gedanken verschenken«. Versuchen Sie es! Die Auswirkung dürfte Sie verblüffen.

Achten Sie *nicht* sonderlich darauf, was Sie zurückbekommen. Schenken Sie wahrhaft und ohne Hintergedanken! Je mehr Sie sich angewöhnen, für das stimmungsmäßige Wohlbefinden anderer Menschen zu sorgen, desto mehr werden

Ihr Selbstbewusstsein und Ihr Selbstwertgefühl ansteigen. Sie können gar nicht anders, als sich schön zu fühlen. Und das könnte bald den Effekt nach sich ziehen, dass andere Sie und Ihre Gegenwart sehr schätzen.

Dieses Prinzip ist universell. Mit ein wenig Achtsamkeit und Training können Sie damit Bekannte, Ihre Familie, Ihre Arbeitskollegen, Ihren Freundeskreis und Ihren Partner sehr bereichern. Die besondere Magie dieses inneren Modus liegt jedoch in dem heiteren Glücksgefühl, das dadurch in Ihrem eigenen Herzen entsteht.

Die Frage: »Werde ich gemocht, geliebt, anerkannt?«, stellt sich Ihnen dann kaum noch. Sie schauen nach, ob andere sich gemocht, geliebt und anerkannt fühlen. Und tragen dazu bei, dass das der Fall ist. Je mehr Sie echte (!) Herzlichkeit verschenken, desto voller fühlt sich Ihr Herz an.

Es ist tatsächlich so einfach. Man braucht nur den Schalter im Kopf umzulegen.

Wenn Sie mögen, ziehen Sie sogar noch ein zusätzliches Register. Es ist ein Gegengift zu Niedergeschlagenheit: Machen Sie einmal eine Geschenkeliste und setzen Sie die Namen der Menschen, mit denen Sie zu tun haben, auf diese Liste. Familienmitglieder, Freunde, Bekannte, Kollegen und auch Ihre Dienstleister, bis hin zum Postboten. Überlegen Sie für jede dieser Personen ein winziges Geschenk einfach nur so, oder ein kleines Dankeschön: vielleicht eine Nascherei, ein Fläschchen Prosecco, eine kleine Gartenpflanze bis hin zu einem Event-Gutschein. Oder was Ihnen sonst einfällt, um der Person eine kleine Freude zu bereiten. Normalerweise sind die meisten von uns zu sehr auf den eigenen Geldbeutel bedacht, um »einfach so« Geschenke zu machen. Doch allein dadurch, dass Sie sich diese kleinen, wenig kostspieligen Geschenke ausdenken, entsteht eine gute und vergnügte Verfassung. Diese kleinen Aufmerksamkeiten dann zu spendieren und die Überraschung in den Gesichtern der Menschen zu sehen, wird erst recht in Ihr Herz zurückstrahlen. Investieren Sie doch mal in Freude!

Übrigens beinhaltet so ein Gesinnungswechsel nicht, dass Sie ein neues Image kreieren und eine permanente (womöglich geheuchelte) Freundlichkeitsmaske aufsetzen, geschweige denn, dass Sie anderen erlauben, Ihre Grenzen zu verletzen. Praktizieren Sie diese von innen kommende Herzlichkeit nur dann, wenn Sie es auch tatsächlich so *fühlen können*. Das funktioniert bestimmt nicht immer – muss es auch nicht. Es gibt immer mal Schlechte-Laune-Tage oder die Notwendigkeit energischer Zurückweisung eines Zeitgenossen bei Grenzüberschreitung, aber vielleicht gibt es daneben auch immer öfter mal diese wohltuende, sonnige Zuwendung zu anderen, die Ihnen selbst mehr Ich-Kraft und Heiterkeit schenkt.

Der beste Background:
Freundschaften und neue Kontakte

An dieser Stelle möchte ich eine Lanze brechen für echte, herzliche Frauensolidarität. Wir Frauen sind anscheinend in jahrtausendealter Prägung darauf fixiert, »dem Mann« zu gefallen, ihn zu bezaubern und zu »besitzen«. Diese Konditionierung kann uns unglücklich und schwach machen. Wir Frauen sollten – zumindest zusätzlich – unser wundervolles Potenzial an Kreativität, Freude, Heiterkeit, Sensibilität und Liebe entfalten, statt mit anderen Frauen zu rivalisieren. In der Solidarisierung mit anderen Frauen finden wir sehr viel

Kraft, Wärme und Halt. Es geht kaum etwas über wirklich gute Freundinnen, wenn wir in Nöten sind!

Hier scheint sich bereits eine erfreuliche Entwicklung abzuzeichnen. Ich beobachte in der Stadt freitagabends oder samstagabends zunehmend kleine Frauengrüppchen, die miteinander ausgehen, ins Kino, zum Essen oder zum Partymachen. Junge Frauen, Frauen mittleren Alters und auch ältere Semester.

Eins ist diesen Frauentreffen gemeinsam: Ganz gleich, ob es sich um zwei oder um zehn Frauen handelt, sie teilen eine unbekümmerte Fröhlichkeit und Herzlichkeit. Es wird munter erzählt und viel gelacht. Wir Frauen haben oft so viel Spaß miteinander, weil wir uns miteinander frei und unbekümmert geben können, ohne uns in Schönheitswahn und Schönheitsscan zu verkrampfen. Wir tun einander gut! Wenn wir uns in Frauenfreundschaften immer mehr miteinander solidarisieren, stärken wir diese Freiheit und Unbekümmertheit in unserer Persönlichkeit und bringen sie umso mehr auch in eine Partnerschaft ein. Fröhliche Frauenfreundschaften vermindern auch die fatale Bedürftigkeit dem Partner gegenüber.

Und gerade »die Männer« werden Augen machen. Ihnen imponiert es doch letztlich am meisten, wenn frau nicht mehr stündlich vor einem Spiegel selbstkritisch ihr Aussehen überprüft, Concealer nachlegt und ihre Frisur nachbessert. Wobei sie sich insgeheim fragt: *Ob er mich noch liebt? Hoffentlich findet er mich nicht zu dick? Hoffentlich bin ich ihm noch sexy genug?* und so weiter. Wir alle kennen diese Sorte Selbstzweifel.

Geben Sie Männern – auch Ihrem Partner – nicht so viel Macht über sich! Das versklavt Sie und macht Sie schwach. Viel verliebter ist *er* ohnehin, wenn Sie stattdessen locker, selbstbewusst und heiter mit ihm umgehen. Weiblich, durchaus aufgehübscht, aber unbekümmert und fröhlich.

Männer lieben authentische und selbstbewusste Power-frauen. »Er« wird Sie für Ihre Authentizität, Ihre Lockerheit und Ihre Lebensfreude ganz besonders respektieren! Und nur in Verbindung mit Respekt gedeiht echte Liebe, denn ohne Respekt ist eine Beziehung grundsätzlich entwertend und geringschätzig.

Wir Frauen sollten es uns künftig ersparen, uns mit einem Mann zusammenzutun, der uns aus irgendwelchen Gründen nicht respektiert. Sobald sich Respektlosigkeit oder Geringschätzung abzeichnen, sollten wir das Weite suchen! So einen Partner haben wir nicht verdient!

Selbstverständlich sind wir auch in der Verantwortung, dafür zu sorgen, Respekt zu *verdienen*. Durch Kompetenz, Eigenständigkeit, Authentizität und Selbstbewusstsein. Starten wir mit diesen Qualitäten in eine Partnerschaft, dann wird sie ein entsprechendes Niveau haben!

Und setzen wir in Zukunft mehr auf Frauenfreundschaften. Lösen wir uns mit einem kleinen inneren Ruck von Neid und Rivalität.

Machen Sie sich hübsch, stylen Sie sich, duften Sie und teilen Sie Ihre Beauty-Tipps mit anderen Frauen.

Gönnen Sie allen anderen Frauen ihre Portion Glück und Schönheit! Seien Sie selbst die Art von Freundin, die Sie in anderen finden möchten. Großzügig, ohne Neid oder Missgunst, hilfsbereit, empathisch und gutgelaunt.

Kennen Sie die schöne TV-Moderatorin Sonya Kraus, die immer wieder durch ihre Frauensolidarität besticht? Sie versteht es hervorragend, andere Frauen zu ermutigen und sich dabei selbst nicht ganz so ernst zu nehmen. In einem Interview teilte sie doch tatsächlich einmal unbekümmert mit, dass sie sich stramm mit Frischhaltefolie (!) umwickle, bevor sie in eines ihrer supersexy Kleider steigt. Eine ebenso selbstironi-

sche wie ehrliche Äußerung, die besonders jene Geschlechts-
genossinnen amüsiert, die ihre tolle Figur bewundern. Sie
dürfte mit ihrer Art – trotz ihres sehr femininen Stylings –
Alice Schwarzer ebenso entwaffnen wie »stutenbissige« Riva-
linnen.

Diese Art von Lockerheit kann uns Frauen sehr inspirieren. Versuchen wir, anderen Frauen gegenüber ein bisschen
offener zu sein und herzlicher auf sie zuzugehen. Seien wir
aufgeschlossener für neue Kontakte! Südländerinnen sind uns
hierin oft deutlich voraus in ihrer offenen und herzlichen Art.
Pflegen wir die Freundschaft mit der besten Freundin und allen Freundinnen noch mehr als bisher! Sorgen wir für herzlichen Kontakt mit sämtlichen weiblichen Bekannten in unserem Umfeld. Kultivieren wir Frauensolidarität!

Seien Sie selbst eine herzliche Freundin, mit der man so
richtig Spaß hat. Die es ehrlich meint und der man vertrauen
kann! Auf die man sich verlassen kann. Von der man sich unterstützt weiß. Die auch mal nachsichtig ist und nicht jedes
Wort auf die Goldwaage legt. Von der man gecoacht wird,
wenn man schwächelt!

Das verleiht viel Kraft und Rückendeckung. Sie werden
sich auch in einer Beziehung nicht mehr so ausgeliefert fühlen
und sich vor Einsamkeit geschützt wissen, wenn Sie einen
starken und fröhlichen Frauenclan um sich aufgebaut haben.

17

Glücksquelle Humor

Dieses Kapitel ist knapp und simpel, beschreibt aber eine reichhaltige Glücksquelle. Möchten Sie, dass Ihr Leben schöner und heiterer und glücklicher ist? Der Schlüssel liegt im ... Lachen!

Wann haben Sie zuletzt gelacht? Heute?

Und wann haben Sie zuletzt jemanden zum Lachen gebracht?

Lassen Sie öfter mal fünfe gerade sein. Ärgern Sie sich nicht zu viel über Ihre Zeitgenossen und Zeitgenossinnen. Beantworten Sie alltägliche Ärgernisse statt mit Meckern einmal mit ironischem Herumwitzeln. Glossieren Sie ein Ärgernis, indem Sie es maßlos übertrieben darstellen. Schneiden Sie einmal eine Fratze, wenn Ihr Partner Sie nervt, oder strecken Sie ihm die Zunge heraus, mit entsprechendem Geräusch. Entschärfen Sie eine Situation durch Herumalbern. Das muss ja nicht zwingend ausgerechnet während einer Jobbewerbung stattfinden ...

Hier ein paar anregende Heiterkeits-Lifestyle-Tipps:

- Nichts macht einen Menschen sympathischer als Humor.
- Lachen Sie auch mal über sich selbst, über Ihre Macken und Allüren!
- Versuchen Sie einmal, etwas, was Sie ärgert, zu glossieren und eine groteske Übertreibung daraus zu machen, die so theatralisch und absurd ist, dass Sie selbst lachen müssen (und die Zuschauer auch).

- Wagen Sie es, sich selbst einmal durch den Kakao zu ziehen! Selbstironie zeugt von Lockerheit und Souveränität und bringt andere zum Lachen.
- Nichts macht uns fröhlicher, als jemand anderen zum Lachen zu bringen.
- Niemanden lieben wir mehr als diejenigen, die uns zum Lachen bringen!

Bringen Sie Ihre Freundinnen doch mal zum Lachen! Schenken Sie zum Beispiel Ihren besten Freundinnen mal ein Shirt mit einer rotzfrechen Aufschrift. Hier einige (recht schräge) Fundstücke aus dem Internet: »*Kann Mann mir bitte mal das Wasser reichen?*«, »*Hinter jeder erfolgreichen Frau steht ein Mann, der versucht hat, sie zu bremsen*«, »*Der Mann steht im Mittelpunkt und somit der Frau im Weg*«, »*Männer sind die schönste Nebensache der Welt*«, »*Frauen, die genauso gut sein wollen wie Männer, haben keinerlei Ehrgeiz*«.

Übrigens *muss* frau ein solches T-Shirt nicht zwingend in der Gegenwart von Männern tragen. Doch grundsätzlich sollten uns freche Witze über Männer genauso belustigen wie freche Witze über Frauen. Warum sollen wir alles und jedes und jeden und uns selbst immerzu todernst nehmen? Wie langweilig!

Hier ist – wenn Sie mögen – eine Hausaufgabe für Sie, für mindestens die nächsten zwei Monate …

Praxis – Humortraining!

Dieses Training ist simpel und macht gute Laune:

1. *Finden Sie jeden Tag mindestens einmal etwas zum Lachen!*
2. *Bringen Sie jeden Tag mindestens eine Person zum Lachen!*

18

Glücksquelle Herz

Neben dem Lachen ist natürlich das Lieben die weitere zentrale Glücksquelle. Das wissen wir längst.

Auch in den christlichen Geboten finden wir das zweite Gebot, das ziemlich klar befiehlt: »Liebe deinen Nächsten wie dich selbst.« Ja. Gut. Aber wie soll man das denn bitte fertigbringen? Selbst wenn es einleuchtet, wie kann man denn andere so lieben wie sich selbst? Liebe ich mich selbst denn überhaupt?

Tatsache ist, dass wir in unserer Zeit den »Faktor Herz« ohnehin ziemlich aus den Augen verloren haben.

Ethik ist nur noch etwas für verstaubte alte Tanten, fromme Kirchgängerinnen oder »Gutmenschen«, über die wir uns lustig machen. Die weitaus meisten Menschen stellen sich heute chronisch die Frage: »Was hab *ich* denn davon?« Und wenn kein profitabler Effekt in Sicht ist, lässt man sich nicht darauf ein. Geiz ist geil, und Profit ist alles.

Seltsam nur, dass wir heutzutage im Westen trotz höchsten Wohlstands auch die höchste Selbstmordrate haben. Die meistverkauften Medikamente sind Betablocker fürs Herz, Antidepressiva, Valium und Schlaftabletten. So haben wenigstens die Pharmakonzerne etwas von der Profit- und Geiz-ist-geil-Mentalität.

Vielleicht wird es langsam Zeit, sich doch wieder auf ein paar Werte zu besinnen. Zum Beispiel auf den Wert von Herzlichkeit. Die Buddhisten behaupten, dass Herzlichkeit glücklich macht. Behaupten lässt sich natürlich viel. Neurologen und andere Wissenschaftler machten es sich daher seit dem Jahr 2000 zur Aufgabe, buddhistische Mönche wissenschaftlich zu untersuchen, unter anderem, während diese »Die Meditation der liebenden Güte« praktizierten. Magnetresonanztomographen und EEGs brachten erstaunliche Forschungsergebnisse hervor. Wenn Sie mögen, lesen Sie hier einen kurzen Ausschnitt daraus:

Der Emotionsforscher Richard Davidson (University of Wisconsin, Madison) untersuchte tibetische Mönche im Magnetresonanztomographen. Bei diesen zeigte sich eine deutlich höhere Aktivität bestimmter Bereiche der Großhirnrinde des Stirnhirns auf der linken Seite. Diese Aktivität entspricht laut Davidson einer positiven Grundstimmung in Form von Gelassenheit und guter Stimmung.

Davidson konnte bei buddhistischen Mönchen, welche die tibetische Mitgefühls-Meditation, auch Meditation der liebenden Güte genannt, praktizierten, einen Anstieg der Hirnstromwellen auf eine 40-Hz- oder auch Gamma-Aktivität mit Hilfe eines Elektroenzephalogramms (EEG) messen.

In dieser Meditationsform geht es darum, Liebe und Mitgefühl zu entwickeln und liebevolle Gedanken »auszusenden«. Das erzeugt offensichtlich eine ganz besondere und positive geistige Verfassung, denn im Gehirn der Mönche konnte ein Anstieg der Gamma-Aktivität gemessen werden, die sich sogar im ganzen Gehirn ausbreitete. Es wird derzeit davon ausgegangen, dass diese Gamma-Aktivität eine Art übergeordnete Steuerfrequenz sein dürfte, die weiträumig verteilte Hirnareale synchronisiert und deren Informationen zusammenführt, was einen brillanten Geisteszustand von großer Klarheit erzeugt. (Davidson et al., 1998; Goleman, 2003)

So weit die Neurowissenschaftler. Hinzu kommt aber die eigene Erfahrung.

Diese Methode hat sich nämlich auch bei meinen Klienten als erstaunlich gutes Heilmittel gegen Schüchternheit und sogar gegen depressive Verstimmungen bewährt. Ausnahmslos alle berichteten, dass es ihnen gutgetan hat, aus Gedanken wie: »*Was bekomme ich eigentlich von meinen Mitmenschen?*«, oder: »*Wie mies werde ich bloß von anderen behandelt?*«, überzuwechseln in: »*Wie kann ich für meine Mitmenschen angenehm sein?*« Und sei es nur in Gedanken.

Freundliche Gedanken erlösen bereits aus der Bedürftigkeit und aus dem Frust, nicht genug gemocht zu werden. Es ist, als würde das Verschenken von Freundlichkeit augenblicklich das eigene Herz nähren und fröhlich stimmen.

Dazu zwei Beispiele aus meiner Praxis, bei denen die »Herzlichkeits-Übung« sehr schnell positive Auswirkungen zeigte.

Der Erste war Nils, ein attraktiver siebenundzwanzigjähriger Mechatroniker. Er druckste ziemlich lange herum, bis er mit dem Problem herausrückte: Scheinbar grundlos versank er immer wieder in depressiven Stimmungen. Er hatte in seinem Leben erst eine einzige Freundin gehabt, und die hatte ihn nach zwei Jahren verlassen.

Nils reflektierte in dem Zusammenhang zunächst einmal seine innere Einstellung. Er sei introvertiert und in seiner Kindheit als Einzelkind sehr behütet und verwöhnt worden. Insgesamt schien er sehr dünnhäutig und dabei extrem auf sich selbst und auf minimale Probleme fixiert zu sein. Ich empfahl ihm, an seinen guten Tagen regelmäßig die »Herzlichkeits-Übung« zu machen. Diese kurze Meditation wendete er fünf Minuten täglich an, abends vor dem Einschlafen.

Nach etwa vierzehn Tagen berichtete er, dass er diese gedankliche Ausrichtung wohltuend finde. Er sei schon nach wenigen Tagen empathischer und freundlicher anderen gegenüber geworden, was positivere Reaktionen ihm gegenüber erzeuge. »Mein normales Lebensgefühl ist leichter und fröhlicher«, kommentierte er die Auswirkung dieser Praxis. »Ich bin auch weniger gehemmt und selbstkritisch.«

Eine achtunddreißigjährige Klientin namens Laura hat diese Methode während ihrer Trennungsphase eingesetzt. Immer wenn sie sehnsüchtig dachte: »Ach, würde er mich doch noch lieben!!«, habe sie sich einen Ruck gegeben und ihrem Ex bedingungslos freundliche Gedanken geschenkt. »Ich habe mich mit dieser total simplen Übung nach einer Weile aus meiner Sehnsucht nach ihm erlöst. Ist das nicht ein Paradoxon?«, staunte sie über ihre Erfahrung.

Falls diese Berichte Ihre Neugier geweckt haben und Sie die Auswirkung von konzentriert freundlichem Denken ausprobieren möchten, bietet sich hier die Möglichkeit, zu testen, ob und wie sich das auf Ihr Befinden auswirkt. Probieren Sie die Übung einfach einmal aus!

Praxis – Herzlichkeits-Übung heilt depressive Stimmung

Sie sitzen entspannt und konzentrieren sich für jeweils ein bis zwei Minuten auf folgende Ideen, möglichst bildhaft:

1. *Wünschen Sie sich diese drei Zustände für sich selbst und stellen Sie sich vor, wie Sie darin wirken und aussehen:*

   - *Ich wünsche mir Gesundheit.*
   - *Ich wünsche mir Erfolg.*
   - *Ich wünsche mir gute Laune.*

2. *Konzentrieren Sie die gleichen drei positiven Wünsche jetzt auf einen Menschen, den Sie mögen, und stellen Sie sich vor, wie dieser Mensch in diesem Zustand wirken und aussehen würde:*

   - *Ich wünsche X Gesundheit.*
   - *Ich wünsche X Erfolg.*
   - *Ich wünsche X gute Laune.*

3. *Wünschen Sie diese drei positiven Zustände für einen Menschen, den Sie nur flüchtig kennen, und stellen Sie sich vor, wie dieser Mensch darin wirken und aussehen würde:*

   - *Ich wünsche X Gesundheit.*
   - *Ich wünsche X Erfolg.*
   - *Ich wünsche X gute Laune.*

Wenn Ihnen das leichtfällt, dürfen Sie sogar einen »Pro-blemfall« aufgreifen. Das könnte Ihr Ex-Partner sein, gegen den Sie immer noch Groll hegen, oder jemand, der Sie zu-tiefst verärgert hat.

Es ist immer wieder interessant zu beobachten, wie sich diese Übung auswirkt. Meist führt sie zu einem gesteigerten psychischen Wohlbefinden. Registrieren Sie unmittelbar danach einmal kurz Ihr Befinden, Ihren Gesichtsausdruck und Ihre Stimmung.

19

Ich-stärkende Aktivitäten

Neben solch liebevollen Gedanken gibt es noch einige weitere Möglichkeiten, sich selbst und seine gute Stimmung zu fördern. Es gibt neben ich-stärkenden Gedanken natürlich auch ich-stärkende Aktivitäten.

Die schlechte Nachricht: Sie entfalten ihre Wirkung besonders durch Regelmäßigkeit.

Die gute Nachricht: Nach einer Weile machen sie großen Spaß.

Hier sind einige Vorschläge für Sie.

Was macht mich tough?

An allererster Stelle steht der Sport! Für manche Menschen ist gerade die Gruppenzusammengehörigkeit bei bestimmten Sportarten sehr aufbauend. Für andere kann es in einer akuten Trennungsphase aber auch hilfreicher sein, zunächst allein aktiv zu werden, um die eigenen Emotionen in den Griff zu bekommen.

Auf jeden Fall dient Sport in jeder Form Ihrer Toughheit und Ich-Stärkung. Besonders wohltuend sind Outdooraktivitäten wie das Laufen in der Natur, ob in einer Laufgruppe oder allein.

Natürlich können aber auch Aktivitäten im Fitnessstudio körperlich und psychisch stärken. Wenn Sie rhythmische

Musik mögen, probieren Sie doch einmal Zumba aus, das weckt die Lebensgeister und aktiviert neue Lebensfreude. Je nach Ihrem Typ und der momentanen Verfassung liegen Ihnen vielleicht auch Kampfsportarten oder Kickboxen. Vor allem, wenn Sie gerade voller Wut und Aggressionen sind, können Sie sich damit richtig gesund austoben und Aggressionen abbauen. Lassen Sie sich nicht von zarten Weiblichkeitsklischees irritieren, trauen Sie sich. Entdecken Sie Ihre tiefe wilde Urkraft! Wie keine andere sportliche Aktivität steigern Kickboxen oder Kampfsport Ihr eigenes Effizienzgefühl, Ihr Powerbewusstsein und die eigene Handlungsfähigkeit.

Aber es darf auch ruhig sanfter zugehen. Pilates ist ebenfalls eine hervorragende Möglichkeit, ein besseres und kraftvolleres Körperbewusstsein zu entwickeln. Und ein simpler Waldspaziergang schenkt Ihnen Frische, Klarheit und Seelenfrieden. Man kann süchtig danach werden, jeden Tag durch die Natur zu wandern.

Etwas aktiver sind Nordic Walking, Wandern, Radfahren oder Joggen, je nach Lust und Laune allein oder in einer Gruppe. Volleyballvereine oder Tennisclubs sind besonders passend für »Gruppen-Aktivisten«, vor allem auch dann, wenn Sie sich einen neuen Bekanntenkreis erschließen wollen. Eine Schnupperstunde kostet Sie nichts und Sie riskieren auch nichts …

Auch Gartenarbeit bietet eine hervorragende Möglichkeit, sich zu sammeln und inneren Frieden wiederherzustellen. Vogelgezwitscher in der Stille der Natur, der Geruch von Erde, das Schneiden von Ästen, Rupfen von Unkraut und das Einpflanzen von Blumen sind eine Wohltat für die Seele.

Ebenfalls eine Wohltat für die Psyche bietet Yoga. In Verbindung mit Atemtechniken bringt Yoga Sie in tiefe Balance mit sich selbst und löst gleichzeitig körperliche Blockaden.

Last not least bietet abendliches Tagebuchschreiben zum Tagesausklang eine wunderbare und kreative Möglichkeit, mit Ihrem Innersten in Kontakt zu kommen und Ihre Emotionen zu ordnen. Beim ruhigen Schreiben kann sich vieles entladen; außerdem empfängt man meistens erstaunlich gute Inspirationen für die aktuelle Situation.

Ich-Kraft und Eigenständigkeit

Neben solchen Aktivitäten bietet, wie schon erwähnt, Ihr soziales Netz eine der besten und solidesten Grundlagen für Ihre Ich-Kraft und Eigenständigkeit. Falls Sie momentan nach Ihrem Empfinden nicht genug soziale Kontakte haben, dann lenken Sie einmal Ihre Aktivitäten darauf, Kontakte zu knüpfen, aus denen Freundschaften werden könnten.

Zu den Unternehmungen, die Ihre Identität und Individualität stärken, gehören alle Arten von Hobbys, vor allem Kreativkurse. Für welche kulturellen Aspekte interessieren Sie sich? Besuchen Sie gern Konzerte, Vernissagen, Kunstgalerien?

Oder reizt Sie ein Malkurs in der Toscana, ein Theaterworkshop in Ihrer Stadt, Besuche in einem Literatur-Café oder dem Institut-Français, ein Fotokurs, vielleicht auch Holzbildhauerei oder Meditation oder ein Sprachkurs … oder … oder …

Jedes Mal empfängt man neue Inspirationen und Anregungen. Bestimmt fällt Ihnen vieles ein, was gut passt und Kontakte schaffen kann.

Eine sehr gute Kontaktmöglichkeit neben den oben genannten Sport- oder Hobby-Aktivitäten ist bekanntlich ein Hund. Mit dem Hund kommt man an die frische Luft und bewegt sich, man ist zudem auch schnell im Gespräch mit anderen Hundebesitzern und sogar mit Menschen, die keinen Hund haben, aber Ihren Hund ganz toll finden. Es erfordert natürlich die passenden Lebensumstände und auch die entsprechende Tierliebe. Aber wenn all das gegeben ist, ist ein Hund ein wunderbarer Freund, mit dem Sie sich niemals einsam fühlen.

Aber es gibt noch viele weitere Möglichkeiten, Ihr soziales Umfeld zu vergrößern. Haben Sie vielleicht ein Ideal, das Sie durch eine ehrenamtliche Tätigkeit ausleben könnten?

Haben Sie eine gute Freundin, einen guten Freund oder einer Clique, um einen gemeinsamen (Kurz-)Urlaub zu planen?

Wenn Sie sich gerne ein bisschen verwöhnen lassen und Nähe brauchen, buchen Sie Besuche bei der Kosmetikerin, machen Sie einen Friseurtermin oder genießen Sie wohltuende Massagen!

Machen Sie sich doch einmal eine Checkliste, was Sie besonders stärken und inspirieren würde. Am besten gehen Sie die Themen nacheinander an, ohne alles auf einmal zu wollen. Picken Sie sich Ihre Best-of-Version heraus! Und fangen Sie mit *einer* neuen Sache an!

20

Was will ich wirklich?

Vielleicht wissen Sie aber momentan noch gar nicht, wo es hingehen soll? Dann ist es an der Zeit, vorab einmal eine Klärung Ihrer ureigensten, wirklichen Ziele vorzunehmen. Klarheit über die eigenen Ambitionen wird benötigt, um ein selbstdefiniertes, selbstgesteuertes und selbstbewusstes Leben zu führen.

Vielleicht haben Sie sich bisher von Lebensumständen treiben lassen und grundsätzlich das getan, was verlangt wurde oder am meisten Anerkennung versprach?

An diesem Punkt dürfen Sie sich einmal überprüfen und sich eventuell neu definieren. Forschen Sie nach, ob Sie mit sich wirklich noch im Einklang sind, und fragen Sie sich, was Sie wirklich aus tiefstem Herzen wollen. Dazu nehmen wir vier Fragen zu Hilfe: fiktive Fragen eines Gedankenspiels, die einfach nur der Klärung und Selbsteinschätzung dienen sollen. Falls Sie sich in Ihrer jetzigen Situation von diesen Fragen angesprochen fühlen, schreiben Sie dazu in einer ruhigen Stunde Ihre Gedanken und Antworten auf. Wenn das derzeit nicht für Sie passt, blättern Sie einfach weiter zum nächsten Kapitel.

Wenn Sie Ihre Gedanken zu Papier bringen, kommen Sie mit Ihrem Unterbewusstsein deutlicher in Kontakt und erkennen vielleicht Tendenzen, die bislang eher verdrängt waren. Es sind essenzielle Fragen an die Persönlichkeit, die Sie wirklich sind. Sie kristallisieren auf diese Weise heraus, was

Sie wirklich wollen, wer Sie sind und wer Sie nicht sind. Entdecken Sie Ambitionen, Neigungen und Talente.

1. Wenn Sie der einzige und letzte Mensch auf diesem Planeten wären, was würden Sie machen, wenn die essenzielle Versorgung noch vorhanden wäre? Was würden Sie gern tun, und was würden Sie nicht tun? Haben Sie eine Passion oder ein verborgenes Talent? Gäbe es Neigungen, die Sie *nur für sich selbst* ausleben würden? Welche ureigenen Bedürfnisse, Wünsche oder Talente würden Sie dann beachten?

2. Wenn Sie keine Anerkennung mehr zu erwarten hätten für das, was Sie bisher getan haben, würden Sie damit weitermachen? Wenn nicht, würden Sie stattdessen etwas anderes tun? Und was?

3. Worauf möchten Sie in der letzten halben Stunde Ihres Lebens gern zurückblicken? Was möchten Sie dann getan und was nicht getan haben? Was möchten Sie erreicht haben? Möchten Sie etwas Wichtiges hinterlassen? Welche Persönlichkeit möchten Sie dann am liebsten geworden sein?

4. Falls Sie Kinder haben – was möchten Sie Ihrem Kind/ Ihren Kindern vermittelt und mitgegeben haben? Was möchten Sie aus dieser finalen Perspektive gern gemacht haben? Gibt es etwas wie eine Spur oder eine Inspiration, etwas, das Sie Ihren Verwandten, Freunden, Mitmenschen oder Mitgeschöpfen hinterlassen möchten?

21

Neues Lebenskonzept und neuer Lifestyle!

Erforschen Sie aber Ihr Lebenskonzept auch einmal auf der äußeren Ebene etwas genauer. Führen Sie den Lifestyle, für den Sie sich entschieden haben? Oder könnten Sie Ihr Lebenskonzept mal ein wenig »renovieren«?

Wie alles andere, so beginnt auch die Veränderung eines Lebenskonzepts im Kopf. Gibt es beispielsweise typische Zeitfresserfallen, in die Sie regelmäßig tappen? Die beiden typischsten Zeitfresser sind für die meisten Menschen das Fernsehen und das Internet, zum Beispiel mit endlosem Herumsurfen auf Verkaufsportalen. Checken Sie Ihre Lebensgewohnheiten und überlegen Sie, ob Sie mit irgendetwas unzufrieden sind oder das Gefühl haben, zu viel Zeit zu verplempern.

Natürlich ist es legitim, in Singlebörsen aktiv zu sein, gerade auch dann, wenn Sie Trennungsschmerz verarbeiten. Die Erkenntnis, dass auch andere Mütter nette Söhne haben, hat etwas Tröstliches. Aber von Online-Flirts einmal abgesehen, wäre es nicht auch aufregend, im wirklichen Leben Kontakte und Aktivitäten mehr zu pflegen? Trauen Sie sich doch einmal, alleine zu einer Ü-…-Party zu gehen, schließlich haben Sie nichts zu verlieren, oder?

Probieren Sie Neues aus! Falls Sie noch nie bei einer Kosmetikerin waren, gönnen Sie sich einen Pflegetermin. Falls Sie noch nie im Tierheim waren, schauen Sie sich dort doch einmal um … Falls Sie noch nie Kanu-Rafting ausprobiert haben, buchen Sie eine geführte Tour … Wenn Sie noch nie in Marokko waren, noch nie eine Bergwanderung unternommen haben, noch nie an einem Zeichenkurs teilgenommen haben … Probieren Sie endlich einmal genau das aus, was Sie reizen könnte und was Sie noch nie gemacht haben!

Vielleicht möchten Sie aber auch Ihre Küche umstylen oder die Wohnung renovieren, sich ein neues Kochbuch, ein elegantes Essservice und schöne neue Gläser zulegen, um nette Bekannte oder gute Freunde mit einem guten Dinner zu verwöhnen?

Machen Sie sich Notizen. Notieren Sie Events, die Sie erleben möchten. Bringen Sie frischen Wind in eingefahrene Strukturen. Kaum jemand lotet die eigenen Grenzen aus, aber das könnte man auf seine alten Tage vielleicht bedauern, oder – was meinen Sie? Coco Chanel, die große Mode-Pionierin und wahrlich eine starke Frau, hat einmal gesagt: »*Ich bereue nichts im Leben – außer dem, was ich nicht getan habe.*«

Zu Ihrer Inspiration folgen jetzt zwei Geschichten von mutigen Umstrukturierungen des eigenen Lebenswandels. Aber keine Sorge, so drastisch muss es nicht unbedingt auch bei Ihnen zugehen.

Durchbruch zu Selbstwert und Lebensfreude

Silke kam eigentlich wegen ihrer Gewichtsprobleme in die therapeutische Beratung. Sie war passionierte Lehrerin (»Mein Traumberuf!«) und eine resolute, herzliche und bodenständige Persönlichkeit. Nun stand sie kurz vor der Pensionierung und hatte große Sorgen vor dem drohenden »Leerlauf«, den sie auf sich zukommen sah. »Ich weiß wirklich nicht, was ich den ganzen Tag machen soll«, meinte sie bekümmert. »Mein Mann freut sich schon auf meine Pensionierung und möchte den lieben langen Tag betüdelt und bekocht werden. Eine Putzhilfe brauchen wir seiner Meinung nach dann nicht mehr.« Dabei hätten sie und ihr Mann sich schon seit langem auseinandergelebt. Silke fürchtete, im gemeinsamen Haus zu ersticken, wenn sie nicht mehr berufstätig wäre. »Mein Mann lebt nur für seinen Flugzeugmodellbau. Ständig wünscht er sich, dass ich mit ihm Modellbauläden aufsuche. Orte, an denen ich mich zu Tode langweile. Für gemeinsame Reisen ist er dagegen nicht zu haben, und meine Wünsche werden grundsätzlich nie berücksichtigt. Ich hätte gern ein Haustier, wenn ich in Rente bin, aber er kann Tiere nicht ausstehen. Ich bin für ihn seit Jahren nur die Gesellschafterin und Haushaltshilfe. Ich langweile mich noch tot mit ihm.«

Seit einem halben Jahr nahm Silke kontinuierlich an Gewicht zu und hatte sich deshalb sogar schon ärztlich untersuchen lassen. Aber der Arzt hatte ihr einen tadellosen Gesundheitszustand bescheinigt. »Ich esse einfach zu viel. Ich habe regelrechte Fressattacken, vor allem abends, es ist ekelhaft«, gab sie beschämt zu. »Ich habe schon mehr als eine Konfektionsgröße zugelegt und bin jetzt bei Größe 44, nichts passt mir mehr. In meinem Wohnzimmerschrank liegt immer ein halber Meter gestapelter Schokoladenvorrat, und ich esse davon Unmengen. Kein Wunder, dass ich immer dicker werde. Außerdem schlafe ich schlecht, weil mein Mann die ganze Nacht so laut schnarcht.«

Bis zur nächsten Sitzung sollte sie auflisten, wie sie ihre Zukunft am liebsten gestalten würde und was sie auf keinen Fall akzeptieren wollte.

In der darauffolgenden Woche traf sie mit einer sehr kurzen Liste ein. Ihre Wünsche waren überschaubar. »Viel Natur und Bewegung, Geselligkeit, ein Haustier, Reisen. Nicht mehr und nicht weniger«, kommentierte sie die Liste.

Das würde ihrer Einschätzung nach aber die Trennung von ihrem Mann erfordern, und das kam ihr sehr verwegen und riskant vor. »Es ist keine Liebe mehr in unserer Ehe. Aber kann ich in meinem Alter noch mal einen Neustart wagen? Das wäre doch verrückt«, sagte sie. »Und im Alter allein leben? Ich weiß nicht, ob ich damit umgehen könnte.«

Es tat ihr gut, in unseren Sitzungen eine Ansprechpartnerin zu finden, die sie ernst nahm und auf die Bedenken einging. Ihre Ängste, Hoffnungen und Zweifel konnte sie endlich einmal gründlich erörtern, was sie sich ihrer Freundin gegenüber nicht traute. Nach zwei weiteren Sitzungen berichtete Silke, dass ihre abendlichen Essanfälle nachlassen würden.

Weitere zwei Wochen später erschien sie und verkündete, dass sie einen Scheidungsanwalt zur Beratung aufgesucht hätte. Sie könne sich ihren Anteil am Eigenheim auszahlen lassen und käme mit ihrer Pension finanziell sehr gut zurecht.

Beim letzten Termin einige Wochen später wirkte sie sehr gelöst. »Ich habe die Scheidung eingereicht«, erklärte sie. »Meine Schokoladensucht lässt deutlich nach, und ich habe abgenommen. Meine Sachen in Größe 40 passen schon beinahe wieder.« Sie strahlte. Und verkündete ihre weiteren Selbst-Coaching-Pläne: eine Thalasso-Kur am Atlantik, gleich nach der Pensionierung. Bis dahin Besuche bei der Kosmetikerin, beim Friseur und wöchentliche Esalen-Massagen.

Ganz offensichtlich brauchte man sich um ihr Wohlergehen und ihren Pensionierungsneustart keine Sorgen mehr zu machen.

Neuorientierung

Johanna war leitende Konzernjuristin, elegant, erfolgreich, neunundvierzig Jahre alt. Nach neunzehn teilweise persönlichen, aber auch telefonischen Sitzungen und Beratungen per Mail, die sich über den Zeitraum eines Jahres erstreckten, mailte sie als Abschluss unserer Beratungen folgende Bilanz:

Das herausgearbeitet zu haben, erschließt mir eine neue Lebensperspektive. Hier resümiere ich also meine Lebenslaufbahn bis jetzt:
Ich war immer konsequent egoistisch ausgerichtet. Von klein auf wurde ich dazu erzogen, zu berechnen, wie ich von einer Situation oder einem Menschen profitieren kann. Ich studierte und promovierte, war strategisch freundlich, verbindlich und großzügig. Ich engagierte mich im Stadtrat, spielte Tennis und Golf. Die Rechnung ging auf: Ich habe immer bekommen, was ich wollte, und meine Karriere kann sich sehen lassen. Schon früh gelangte ich in die gesellschaftliche Elite. Echte Freunde hatte ich in meinem ganzen Leben allerdings nie. Liebesbeziehungen zerbrachen meist nach zwei bis drei Jahren, weil meine Partner mich regelmäßig mit anderen Frauen betrogen. Das machte mir nicht viel aus, dann suchte ich mir eben den nächsten. Mit entsprechend elegantem Auftritt war das nie ein Problem, und als Mitte vierzig erste Alterserscheinungen auftraten, ließ ich sie chirurgisch korrigieren. Innere Einsamkeit verdrängte ich durch noch intensivere Konzentration auf Karriere, Ansehen und Wohlstand. Ich hatte immer alles gut im Griff, dachte ich.
Wie Sie wissen, kam ich plötzlich an einem ganz normalen

Mittwoch nicht mehr aus dem Bett. Ich fühlte mich bleischwer und hatte einfach keine Lust mehr auf mein Leben. Der Hausarzt verschrieb mir Psychopharmaka. Mit diesen Antidepressiva schlug ich mich noch zwei weitere Jahre durch, dann landete ich nach einem Suizidversuch in einer Reha-Therapie. Dort begann ich erstmals, mein Lebenskonzept zu hinterfragen. Dann begannen meine Körpertherapie und die Sitzungen mit Ihnen. Inzwischen habe ich begriffen, dass meine Gesinnung seit jeher zu egozentrisch ist und mich von dem isoliert, was ich mir eigentlich immer insgeheim wünschte: Nähe und echte Freundschaften.

Natürlich ist das auch ein gesellschaftliches Problem: Wir alle werden zu Egoismus und Profitorientierung erzogen. Da ich das aber als Sackgasse erlebe und darin nicht das erhoffte Lebensglück finde, habe ich mich entschlossen, eine radikal andere Richtung einzuschlagen. Ich bin jetzt neunundvierzig Jahre alt und finanziell so gut gestellt, dass ich nicht mehr arbeiten muss.

Meinen Job habe ich aufgegeben und folge meiner Passion: Kunst. Ich besuche kleine Künstlerateliers ebenso wie internationale Kunstmessen, und vor zwei Monaten habe ich eine eigene kleine Kunstgalerie eröffnet. Außerdem habe ich eine Stiftung für Künstler gegründet, die vor allem jungen Künstlern ein Leben ohne permanente Existenzängste ermöglicht. Meine gesellschaftlichen Kontakte sind hier außerordentlich nützlich, und zwar erstmals nicht in erster Linie für mich, sondern für diese sogenannten »brotlosen« Künstler, die oft unterhalb des Existenzminimums leben müssen. Diese bekommen nun die Gelegenheit, ihre Werke einem zahlungskräftigen Publikum vorzustellen, was sehr erfolgversprechend anläuft.

Erstmals habe ich das Gefühl, etwas Nützliches zu tun. Mein soziales Umfeld ändert sich zurzeit gerade umfassend, und ich finde wohltuend andersartige Kontakte in der Kunstszene. Ich habe erstmals (!) wirkliche Freude am Leben.

Empathie fällt mir nach wie vor schwer, ich versuche aber, ganz einfach das zu vermitteln, wonach ich immer strebte – Anerkennung, Anerkennung und nochmals Anerkennung! Ich halte Sie gern auf dem Laufenden, schon als Dank für die gelungene »Operation am offenen Herzen«, auch wenn diese manchmal tränenreich vonstattenging. Gern gestatte ich Ihnen die Veröffentlichung dieses Berichts, selbstverständlich anonym.

Ich freue mich auf Ihren Besuch meiner nächsten Vernissage, siehe Anlage!

Herzlichst, Ihre Johanna

22

Über Männer – und falls Sie Lust haben: Coaching für einen Neustart

Sie sind schon wieder bereit für einen Neustart? Mit einem neuen Partner? Okay, hier ein paar Basics, die Sie über Männer vielleicht wissen sollten, bevor Sie sich nach einem Beziehungsschiffbruch wieder neu verlieben. Für die anhänglichen Naturen unter uns klingen diese Informationen etwas unbequem, aber gerade deshalb sind sie besonders hilfreich.

Erstens: Was Ihr Aussehen betrifft, kultivieren Sie zuerst einmal die Fähigkeit, mit sich selbst zufrieden zu sein und sich wohl in Ihrer Haut zu fühlen!

Auch wenn Sie (vermeintlich) nicht perfekt sind. Ihr Gegenüber – gerade auch Ihr männliches Gegenüber – nimmt Sie nämlich vor allem so wahr, wie Sie sich selbst wahrnehmen. Ihr inneres Selbstbild wird sozusagen ausgesandt und vom Gegenüber empfangen. Sie strahlen aus, was Sie von sich selbst denken, wie wohl Sie sich in Ihrer Haut fühlen, ob Sie sich schön finden oder nicht. Machen Sie sich hübsch, pflegen Sie sich und tun Sie so, als hätten Sie das absolut perfekte Aussehen. Wozu sich auf kleine Makel konzentrieren, das tun Männer schließlich auch nicht! Geben Sie sich, als seien Sie das schönste Wesen der Welt. Es gibt den Spruch: »*Wenn du dir eine Eigenschaft wünschst, tu so, als hättest du sie bereits.*« Männer werden das registrieren! Es ist vor allem Ihre Attitüde, die sie interessant, faszinierend, weiblich, sinnlich und schön wirken lässt. Perfektes Aussehen gibt es ohnehin nicht – Schönheit liegt bekanntlich im Auge des Betrachters.

Es liegt auf der Hand, dass in diesem Zusammenhang die typischen weiblichen Selbstzweifel kontraproduktiv sind. *Bin ich attraktiv genug? Bin ich zu dick?* Und so weiter, das kennen wir alle. Aber Sie können niemals eine souveräne Ausstrahlung entwickeln, wenn solche Zweifel an Ihnen nagen.

Zweitens: Wieso sollten Sie sich überhaupt als »sein Objekt« definieren? Sie sind weder eine schicke Schaufensterpuppe, die man auf dem Beifahrersitz eines Ferraris plaziert, noch ein köstliches Büfett für ein männliches Wesen. Wenn Sie einen Ferrari toll finden, fahren Sie selbst einen!

Sie sind nicht die Auslage, die ein Mann zu bewerten hat, *Sie* sind die Persönlichkeit, die bewertet, ob Ihnen das männliche Gegenüber gut genug erscheint oder nicht. *Sie* sind die Königin Ihres Lebens und die Hauptdarstellerin auf Ihrer Lebensbühne.

Drittens: Die meisten Männer finden Frauen faszinierend, die nach außen hin feminin und weich wirken, dabei aber stark, stabil und selbstsicher sind. Besitzt *er* hingegen schon bald die emotionale Macht über *sie,* sinken sein Interesse und sein Respekt.

Das bedeutet unter anderem, sich aus Klischees zu verabschieden und den Mann nicht als Lebenserfüllung oder emotionales Geborgenheitsrefugium zu definieren. Suchen Sie Ihre Geborgenheit also nicht primär in der Beziehung zu einem Mann. Vielleicht möchten Sie Geborgenheit *geben*, auf jeden Fall wird es Sie stärken, ein bisschen innere Distanz zu halten. Gehen Sie so schnell keine hingebungsvolle Symbiose mehr ein wie vielleicht in Ihren Teenie-Zeiten, das kostet Sie zu viel Energie, Stärke und Persönlichkeit.

Stattdessen sollten sie durchaus »narzisstisch« Ihre eigene Stärke kultivieren und im eigenen Ich ruhen. Ein wunderbar freies, entspanntes, gelöstes Ich-bin-so-gerne-Ich spüren, Ihr Dasein genießen und Ihre Autonomie wahren.

Gerade das wird Ihnen den Respekt und die Liebe eines Mannes erschließen. Er sucht nämlich weniger nach Liebesbekundungen als nach der respektvollen Anerkennung seiner Eigenschaften und seines Tuns.

Männer fühlen sich sogar oft ganz besonders von selbstbewussten Frauen angezogen, die leicht desinteressiert wirken. Von Frauen, die sich selbst gefunden haben und sich selbst lieben. Solche Frauen reizen den Jagdinstinkt, denn sie sehen nach einer besonders kostbaren »Beute« aus. Auch die langfristige Liebe eines Mannes zu einer Frau beruht auf dem grundsätzlichen Gefühl des Respekts. Respekt ist für einen Mann eine wichtige Voraussetzung für seine Liebe, Öffnung und Anhänglichkeit. Er würde vielleicht auch bei einer Frau bleiben, die ihr ganzes Streben darauf ausrichtet, ihn zu verwöhnen, aber dann konsumiert er sie eher, aus Genuss und Bequemlichkeit. Besonders gut behandeln oder lieben wird er sie meistens nicht. Weil ihr Verhalten keinen Respekt bei ihm erzeugt.

Viertens: Pflegen Sie durchaus auch Kontakte mit verschiedensten Männern, ganz gleich, wie unverbindlich. Gerade das stärkt Ihre Unabhängigkeit. Vielleicht lassen Sie sich irgendwann auf einen dieser Bekannten verbindlicher ein, aber geben Sie den Kontakt zu den anderen deshalb nicht sofort auf.

Fünftens: Eine Beziehung funktioniert manchmal sogar dann am besten, wenn frau nicht sonderlich verliebt ist. Wenn sie zwar herzlich, aber emotional unabhängig ist, nicht besonders anhänglich und zudem finanziell autonom. Eigenständigkeit in möglichst allen Belangen lautet also der Zaubertrick. Frau sollte bei aller Herzenswärme die Kontrolle über ihre Gefühlswelt behalten, und das darf *er* auch merken.

Grundsätzlich lautet also die Frage: Wie gelingt es mir, emotional und in meinem Selbstwert so unabhängig wie möglich von einem Partner zu bleiben? Und die Antwort: Definieren Sie Ihre Partnerschaft weder als allein seligmachende Glücksquelle noch als Geborgenheitsinsel. Dauerhaftes Glück, Geborgenheit und Stärke müssen Sie grundsätzlich in sich selbst und in Ihrer Lebensgestaltung finden. Eine intelligente Frau kultiviert heute mehr denn je ihre Stärke, ihre emotionale Freiheit, ein gutes Selbstwertgefühl und eigene Unabhängigkeit. Ganz gleich, ob mit oder ohne Partnerschaft. »Wozu dann überhaupt eine Partnerschaft?«, mögen Sie sich fragen.

Vielleicht, weil es schön ist, von einem Mann respektiert und geliebt zu werden. Aber das ist eher das Sahnehäubchen und nicht die Grundlage Ihres Glücks. Ein Mann, der die Grundlage Ihres Glücks sein soll, wird das weder sein können noch wollen.

Traumfrau werden, sein und bleiben

Wie sieht also die Traumfrau aus Männersicht nun wirklich aus? Ihre Qualitäten könnte man aus männlicher Perspektive ungefähr so umreißen:

- Sie sollte nett und feminin aussehen.
- Sie ruht souverän in sich selbst.

- Sie ist herzlich und warmherzig.
- Sie schenkt ihm ab und zu Lob.
- Sie genießt sinnliche Liebe mit ihm.

Was einen Mann magisch anzieht, ist die *Anerkennung* einer femininen, aber eigenständigen, starken Frau. Sie fragt ihn um Rat, lobt und beachtet seine Kompetenz. Wenn diese Traumfrau ihn ansonsten in Ruhe lässt und ihn so sein lässt, wie er ist, wird ein Mann ihr dafür zu Füßen liegen!

Das Gegenteil der Traumfrau ist mit folgenden Verhaltensweisen beschäftigt:
Kritik, Schimpfen, Nörgeln, Zetern, Vorwürfen, emotionalen Diskussionen. Vor allem aber mit dem Anspruch, er solle irgendetwas an sich ändern.
Das heißt also: Wenn Sie etwas an Ihrem Partner stört, akzeptieren Sie es – oder suchen Sie sich jemand anderen!

Eine ideale Basis für das weibliche Lebensglück sind unter anderem Aspekte wie diese:

- finanzielle Unabhängigkeit
- emotionale Unabhängigkeit
- Selbstliebe
- eigene interessante Unternehmungen und Hobbys
- ein gutes soziales Netz – möglichst viele gute Freundinnen und Freunde
- Engagement im Beruf/Ehrenamt
- vielleicht ein Haustier
- Sport
- Zentrierung und Stärkung beispielsweise durch Yoga oder Meditation

Wenn Sie in dieser Form autonom sind, wird eine neue Beziehung die besten Startvoraussetzungen haben.

Ansonsten besteht die Gefahr, dass der hinreißende Märchenprinz sich irgendwann in einen herablassenden und womöglich recht ungehobelten Zeitgenossen verwandeln könnte.

23

Ein besonderes Thema: Was bedeutet Trennung, falls Sie Kinder haben?

Dieses Buch ist eigentlich für Single-Frauen ohne Kinder geschrieben. Aber wie ist es, falls doch Kinder mit im Spiel sind, wenn also eine Familie mit Kindern zu zerbrechen droht?

Die Kinder haben als Schwächste in dieser Situation Priorität. Hier gelten andere Spielregeln, und die sind grundsätzlich an den Kindern auszurichten.

Plan A ist grundsätzlich, im Interesse der Kinder die Beziehung mit aller Anstrengung und Bemühung zu retten. Kinder leiden nämlich immer darunter, wenn ihre Eltern sich trennen, selbst wenn die Eltern sich nicht besonders gut verstehen. Und sie leiden auch dann, wenn die Eltern eine Trennung sanft und relativ freundschaftlich vollziehen.

Als Mutter sollten Sie sich der Tatsache bewusst sein, dass Kinder meistens erst nach der Pubertät die psychischen Störungen und Defizite erkennen lassen, die auf mangelnder Nestwärme und dem Zerbrechen des Familienzusammenhalts beruhen. Man kann lange darüber nachdenken, ob es für ein Kind besser ist, in einer schlechten Partnerschaft oder in einem alleinerziehenden Haushalt aufzuwachsen, was sich im Einzelfall natürlich nicht pauschal beantworten lässt. Dennoch ist für Kinder eine Partnerschaft, in der die Eltern auch nur halbwegs erträglich miteinander auskommen, immer die bessere Version. Geben Sie daher bitte niemals leichtfertig und ohne echten Kampf um eine Verbesserung der Beziehung eine problematische Partnerschaft auf, wenn Sie Kinder haben.

In einem meiner Seminare zum Thema Depression hat es uns als Gruppe sehr berührt, was uns eine alleinerziehende Mutter dazu mitteilte. Als wir über Ursachen von Depressionen sprachen, brach sie in Tränen aus und erzählte, dass ihre beiden erwachsenen Kinder nicht besonders gut im Leben zurechtkämen. Die Ursache sehe sie in der Scheidung und deren Auswirkungen auf die damalige Lebenssituation, verbunden mit emotionalen Schwankungen und materiellen Problemen.

Das ist die einzige Entscheidung in meinem Leben, die ich bereue. Ich hätte alles tun sollen, mit aller Selbstdisziplin und Selbstlosigkeit, um diese Ehe zu retten. Ich hätte mich selbst in diesen Jahren zurücknehmen sollen, damit die Familie erhalten bleibt. Wenn ich heute meine Kinder betrachte, werde ich meines Lebens nicht mehr froh. Damals war ich nur wütend und fühlte mich im Recht, ich wollte einfach frei sein von den miesen Verhaltensweisen meines Partners. Zunächst schien das richtig und gut und befreiend zu sein, für mich UND für meine Kinder. Doch der seelische Knacks, den meine Kinder erlitten haben, zeigte sich erst nach über elf Jahren, als sie etwa sechzehn, siebzehn Jahre alt waren. Und der Preis, den meine Kinder für diese Trennung bezahlen, ist einfach viel zu hoch. Könnte ich nur die Zeit zurückdrehen. Ich würde im Nachhinein alles tun, um diese Ehe weitergeführt und verbessert zu haben.

Sie fühlte sich untröstlich über ihr – wie sie es nannte – Scheitern und vermochte keine Lebensfreude mehr zu finden, weil sie sich so schuldig fühlte.

Diese späte Reue über das Aufbrechen einer Familienstruktur hört man in Therapiesitzungen immer wieder einmal. Dabei hat die aus der Beziehung ausbrechende Frau in der aktuellen Situation meist wirklich gute Gründe dafür. Doch es ist ein erheblicher Unterschied, ob eine Frau ins freie Single-Dasein aufbricht oder in die Lebensform der alleinerziehenden Mutter. Nicht nur die Kinder erleiden meistens einen psychischen »Knacks«, auch die Alleinerziehende gelangt körperlich und seelisch oft an ihre Grenzen.

Wenn Sie also Kinder haben, wägen Sie die zukünftige und langfristige Entwicklung mit allen Konsequenzen sehr sorgfältig ab. Überlegen Sie, ob es sich nicht doch lohnt, mit allen Mitteln um die bisherige Familienstruktur zu kämpfen. Das schließt die hier beschriebenen Selbststärkungsmethoden durchaus mit ein. Aber holen Sie sich zusätzlich unbedingt professionelle Hilfe. Ziehen Sie alle Register einer Paartherapie, und wenn diese Therapie Ihnen und Ihrem Partner nicht weiterhilft, lassen Sie nicht so schnell locker – probieren Sie einen weiteren Therapeuten aus. Falls der Partner nicht bereit ist, gemeinsam eine Paartherapie aufzusuchen, nehmen Sie für sich selbst Coaching- und Therapiestunden. Betrachten Sie solche Investitionskosten als lohnende und wertvolle Investition in Ihr eigenes Lebensglück und das Ihrer Kinder.

Übernehmen Sie außerdem die emotionale Führungsrolle für Ihre Familie. Bleiben Sie in besonnener und sachlicher Kommunikation mit Ihrem Partner, gehen Sie als Frau (und Mutter) emotional in Vorlage und versuchen Sie nach Kräften, eine positivere Gefühlsebene zu schaffen. Vermeiden Sie jede Form aggressiver Kommunikation, die Konflikte nur verschlimmert.

Versuchen Sie gleichzeitig, immer wieder Ihre eigenen (wahrscheinlich durchaus berechtigten) Aggressionen loszulassen: durch Gespräche mit Freunden, durch Sport, durch Therapiesitzungen, durch Ablenkung oder durch Unternehmungen, die Sie erfreuen.

Seien Sie die beste Version Ihrer selbst, seien Sie verständnisvoll, ruhig, freundlich, verführerisch.

Auf subtile Weise übernehmen Sie dadurch eine Machtposition, und zwar die unausgesprochene Führungsrolle in der Partnerschaft. Ihre Selbstdisziplin, Ihre Besonnenheit und Freundlichkeit werden früher oder später Ihren Partner erreichen. Er wird nicht umhinkönnen, Sie dafür zu respektieren. Und wahrscheinlich wird er sich früher oder später auch emotional wieder – schrittweise – für Sie öffnen. Falls Sie das leisten können, vollbringen Sie eine unglaublich anspruchsvolle und wertvolle Lebensleistung – vor allem auch zugunsten Ihrer Kinder.

Statistische Untersuchungen belegen, dass das Zerbrechen einer Familie selten zu einem zufriedenstellenden neuen Lebensglück für alle Beteiligten führt. Die Kinder und die alleinerziehenden Mütter zahlen meistens einen hohen Preis für das Aufgeben der familiären Struktur. Es ist nicht leicht, einen neuen Partner zu finden, mit dem ein harmonisches Zusammenleben möglich ist. Typische Patchworkfamilien-Probleme sind meist vorprogrammiert, und den höchsten Preis zahlen in der Regel die Kinder.

Trennen Sie sich vom Vater Ihrer Kinder nicht leichtfertig und wirklich nur dann, wenn ein Zusammenleben völlig unmöglich und unterträglich ist, zum Beispiel durch massive Suchtprobleme oder brutale Gewalttätigkeiten, die alle Familienmitglieder traumatisieren.

In solchen Fällen sollten Sie Plan B aber durchaus in Erwägung ziehen:

Falls Sie tatsächlich als Mutter aus solch schwerwiegenden Gründen, ohne Hoffnung auf ein konstruktiveres Miteinander und nach vielen vergeblichen Versuchen, eine Verbesserung zu erzielen, zu dem Schluss kommen, dass ein Aufbrechen der Familie tatsächlich die bessere Option für alle ist, dann streben Sie eine faire und friedliche Trennung an.

Als erwachsene Persönlichkeiten sollten wir in der Lage sein, persönliche Aggressionen auf alle möglichen Arten abzureagieren, *nur auf eine Art nicht* – über die eigenen Kinder. Kinder haben das Recht, zu Mutter und Vater eine Beziehung zu haben, die sie jederzeit selbst definieren dürfen. Kinder haben auch das Recht, Mutter und Vater trotz deren massiver Schwächen lieben zu dürfen!

Das bedeutet, dass man sich – und wenn es noch so schwerfällt – verkneift, schlecht über den Ex-Partner zu reden. Tun Sie das gerne mit Ihrer Freundin, Ihrer Mutter, Ihrem Therapeuten oder wem auch immer, aber niemals mit Ihren Kindern. Gerade der Hass, der zwischen Ex-Partnern über die Kinder ausgetragen wird, um den anderen zu bestrafen, richtet Schäden in der kindlichen Psyche an, die sich oft erst in der Pubertät zeigen. Es ist nichts Neues, dass viele Trennungskinder beispielsweise drogenabhängig werden oder jegliche Motivation für Schule, Ausbildung und einen guten Start in ihr eigenes Leben verlieren. Doch zu dem Zeitpunkt ist es leider zu spät, die emotionalen Schäden ungeschehen zu machen.

Die Selbstdisziplin, den Kindern ihre eigene (und sei es eine vielleicht viel zu positive) Sicht auf den Vater zu erlauben, wird sich nach einigen Jahren nicht nur für die Kinder, sondern auch für Sie selbst auszahlen. Abgesehen davon werden Kinder im Nachhinein – ab einem Alter von zwanzig Jahren – die Defizite, Schwächen oder Ungerechtigkeiten eigenständig erkennen können, was Ihnen eine gewisse späte Genugtuung schenken kann, falls Ihnen das wichtig ist.

Die Devise sollte bei einer Trennung immer lauten: »Ich liebe meine Kinder mehr, als ich meinen Ex-Partner hasse.« Mit dieser Einstellung schützen Sie Ihre Kinder vor Ihren eigenen Aggressionen und den elterlichen Dissonanzen, so weit Sie es irgend vermögen.

Dann liegt die große Herausforderung vor Ihnen, Ihre Kinder selbst und autonom großzuziehen. Mit so viel Liebe, Geborgenheit und Nestwärme wie irgend möglich und so viel zum Geldverdienen erforderlicher Zeit wie nötig. Ideal wäre natürlich ein Familienverband, der Sie unterstützt, beispielsweise Großeltern oder Geschwister. Schön, wenn irgendwann männliche Unterstützung und positiver Input hinzukommt. Abhängig machen sollte frau sich davon nicht. Unser weibliches Selbstwertgefühl leidet unter einem solchen Abhängigkeitsgefühl, und das verleitet zu zehrenden Verlustängsten und zum Klammern, was noch keiner Partnerschaft gut bekommen ist, in einer Patchworkfamilie schon gar nicht.

Last not least ... was wurde aus den »Fallbeispielen«?

Falls es Sie interessiert, erfahren Sie hier, wie es den Menschen aus unseren Fallgeschichten weiterhin ergangen ist.

Julia, die in den passionierten Salsa-Tänzer Paul verliebt war, hat sich nach eineinhalb Jahren einer zermürbenden Krisenbeziehung schließlich von ihm getrennt. Er hatte sie, wie absehbar, ständig betrogen, und Julia hatte sich mehrmals von ihm getrennt, bis sie sich – unterstützt durch eine längerfristige Therapie – endgültig von ihm lösen konnte.

Ein gutes Jahr später hat Julia ihren Romeo gefunden, einen Arzt aus ihrer Klinik. Er sei zwar nicht so sexy wie Paul, sagt sie, aber sie sei so glücklich mit ihm wie nie zuvor in einer Beziehung. Sie lebt seit zwei Jahren mit ihm zusammen, und die beiden haben sich ein Landhaus im Grünen gekauft. Gemeinsam besuchen sie einen Salsa-Kurs und planen, in Kürze zu heiraten.

Miriam, die schicke Boutiquebesitzerin, hat sich nochmals besorgniserregend verliebt, wieder in einen äußerst attraktiven Mann. Patrick war elf Jahre jünger als sie und Architekt. Er gab von vornherein zu, weder treu sein zu können noch zu wollen. Miriam berichtete, sie sei ihm dennoch mit Haut und Haaren verfallen und habe der faszinierenden Erotik mit ihm einfach nicht widerstehen können: »Patrick ist der beste Lover, den ich je hatte. Ich bin verrückt nach ihm.« Sie litt eine Weile unsäglich unter seinen diversen Parallelbeziehungen und kam sich vor wie in einem Harem. Ihr Selbstwertgefühl sank erneut in den Keller, aber sie kam nicht von ihm los. Aber sie verkniff sich sinnlose Eifersuchtsszenen und riss sich zusammen. Sie konzentrierte sich intensiv auf ihr »Ich-Kraft-Training« und ihr Selbstcoaching, außerdem datete sie andere Männer, was das Zeug hielt. Anfangs fiel es ihr schwer, sich auf einen anderen Mann als ihren geliebten Patrick einzulassen, doch nach einer Weile begann sie es zu genießen, von mehreren interessanten Männern hofiert und verwöhnt zu werden. Was anfangs mit einer trotzigen Verbissenheit geschah, um sich emotional abzulenken, entwickelte sich besser, als sie sich vorgestellt hatte.

Nach einem Dreivierteljahr der ziemlich unglücklichen Verliebtheit in Patrick hatte sie sich mit dessen Untreue abgefunden und strich Treue von der Liste ihrer Ideale. Allerdings behielt sie aus ihren eigenen schmerzlichen Erfahrungen den persönlichen Ehrenkodex bei, nur ungebundene Männer zu daten.

Dann geschah eine überraschende Wendung, die fast schon an Situationskomik grenzte. Patrick wurde zunehmend eifersüchtig! Er fing an, Miriams Handy zu kontrollieren, und lauerte manchmal heimlich vor ihrer Haustür, um sie bei ihren Dates zu »entlarven«. Dann machte er ihr Vorwürfe und Szenen: »Ich habe genau gesehen, dass du von einem Porsche-Fahrer abgeholt wurdest. Was läuft denn mit dem?« Was nun geschah, hatte niemand erwartet, vor allem Miriam nicht. Patrick meldete sich aus seinen täglich besuchten Singlebörsen ab, ging nicht mehr allein auf Partys und überließ Miriam bei jedem Treffen sein Handy, um seine Anrufe überprüfen zu können und seine Treue zu demonstrieren. Er versicherte ihr immer wieder seiner Treue und bat sie inständig, sich wieder exklusiv nur auf ihn einzulassen. Ihre Untreue mache ihn krank.

Miriam ist zurzeit aber nicht bereit, ihre anderen Dates Patrick zuliebe aufzugeben. Sie fühlt sich gut und selbstbewusst.

Nils hat sich mit Hilfe der regelmäßigen »Herzlichkeits-Praxis« aus seiner lähmenden Übersensibilität und Depressivität befreien können. Er war schon seit längerem insgeheim in die Sprechstundenhilfe seiner Hausärztin verliebt und brachte endlich den Mut auf, ihr Komplimente zu machen und sie zum Essen einzuladen. Plötzlich ging alles ganz schnell. Nach einem halben Jahr zogen die beiden zusammen, und Nils ist inzwischen stolzer und glücklicher Vater eines einjährigen Mädchens.

Silke, die seit kurzem pensionierte Lehrerin, hatte sich von ihrem Mann getrennt. Sie ist aus dem gemeinsamen Haus ausgezogen und hat sich ein helles, kleines Apartment mit Garten gekauft. Bald darauf holte sie zwei Hundewelpen aus dem Tierheim und begann sich außerdem bei der lokalen Umweltschutzgruppe zu engagieren, ein lange gehegter Plan. Bei einer zufälligen Begegnung sah sie sehr frisch und regelrecht entknittert aus, auch ihre Verfassung wirkte ausgeglichen. Sie erzählte, dass ihre Wunschgröße 40 wieder passe und dass sie hervorragend schlafe. In ihrer neuen Umgebung fühle sie sich sehr wohl und führe ein rundum zufriedenes Leben. Auch dank ihrer Hunde habe sie in der Nachbarschaft schöne neue Freundschaften geknüpft.

Vergnügt teilte sie mit, dass sie ein gleichaltriger Immobilienmakler hofiere. »Aber ich denke doch nicht im Traum daran, mich noch mal auf ein Mannsbild einzulassen«, verkündet sie im Brustton der Überzeugung. Sie freue sich momentan darauf, mit einer Freundin und den beiden Hunden den ganzen Sommer lang durch Österreich zu fahren und dort die schönsten Orte und Seen zu erkunden.

Antonia, die immer so gern mager sein wollte, hat ihre Transformation durch die neue Idealdefinition nach dem Vorbild von Oprah Winfrey vollzogen. Seitdem ist sie mit sich zufrieden und gut gelaunt; sie kreiert ihren eigenen Stil ausdrucksvoll und kreativ in Größe XL. Ihre Partnerschaft ist unbeschwert glücklich, und ihr gesamter Freundeskreis ist dank ihres neuen Hobbys mit ausdrucksvollen und originellen Porträtfotos ausgestattet.

Nachwort

Liebe Leserin,

abschließend wünsche ich Ihnen von Herzen alles Gute, ganz besonders dann, wenn Sie gerade eine Trennung durchzustehen haben!
Ihre Gabriele Rossbach

Wenn Sie Fragen haben, mailen Sie mir einfach, oder teilen Sie mir auch gerne Ihre persönlichen Erfahrungen mit!

Kontaktdaten finden Sie auf www.gabriele-rossbach.de

Ulrike Scheuermann

Wenn morgen mein letzter Tag wär

So finden Sie heraus, was im Leben wirklich zählt

Was für ein Glück, dass wir nicht unsterblich sind …
… denn das würde uns erst recht dazu verleiten, viel zu viele Stunden, Tage und Jahre zu vergeuden. Über den Tod nachzudenken hilft uns beim Leben. Denn erst seine Begrenztheit macht das Leben wertvoll. Wir tun nicht mehr alles – sondern nur das, was für uns tatsächlich zählt.

»Dieses Buch bricht mit einem Tabu. Es ist unkonventionell geschrieben und verblüffend ehrlich. Erstaunlich, was man dabei über sich selbst erfährt.«
Neues Deutschland

KNAUR
MENSSANA

Melody Beattie

Liebe, was du hast, dann bekommst du, was du willst

Ein Workshop in Wundern

»Dieses Buch wird Sie und Ihr Leben umkrempeln«, verspricht die weltweit erfolgreichste Selbsthilfe-Autorin. Und dazu bedarf es nur 10 Minuten am Tag, 40 Tage lang. In zwei Schritten vermittelt dieser Workshop, wie man das schätzen lernt, was man hat, und wie man das bekommt, was man sich darüber hinaus wünscht. Erst wenn man sich mit seinem tatsächlichen Leben ausgesöhnt hat und sich dann auf die wirklich wichtigen Wünsche konzentriert, kann man wahre Wunder erleben.

»Melody Beattie gibt einem die Mittel an die Hand,
die Großartigkeit und den Glanz des
eigenen Wesens zu entdecken.«
Deepak Chopra

KNAUR
MENSSANA